CONTEMPORÁNEA

Pablo Neruda, seudónimo de Neftalí Ricardo Reyes, nació en Parral, Linares (Chile), en 1904. De 1920 a 1927 residió en Santiago, y en esta época escribió sus primeros poemas: *La canción de la fiesta* (1921), *Crepusculario* (1923) y *Veinte poemas de amor y una canción desesperada* (1924), títulos que muestran las primeras fases de su evolución, desde sus inicios posrubenianos hasta la adquisición de un tono más personal y libre de la expresión poética. En 1927 empezó su existencia viajera y ocupó varios cargos consulares en China, Ceilán y Birmania. *Residencia en la tierra* (1933) le reveló como un poeta de intensa originalidad, vinculado indirectamente con la corriente surrealista. Entre 1934 y 1938 ocupó el cargo de cónsul de Chile en España, y en estos años entró en contacto con escritores españoles de la Generación del 27. En 1941 se instaló en México y, posteriormente, regresó a su patria donde, en 1945, fue nombrado senador. En 1971 le fue concedido el Premio Nobel de Literatura y fue nombrado por Salvador Allende embajador en París. Murió en 1973, poco después del golpe de Estado de Augusto Pinochet. Póstumamente, en 1974, se publicaron sus memorias bajo el título *Confieso que he vivido*. DeBolsillo presenta ahora una edición de su obra.

Biblioteca

PABLO NERUDA

Odas elementales

DeBOLS!LLO

Diseño de la portada: Departamento de diseño de Random House Mondadori
Directora de arte: Marta Borrell
Diseñadora: Maria Bergós
Fotografía de la portada: © Photonica/Cover

Primera edición: septiembre, 2003

Nota del editor: agradecemos la valiosa colaboración de Susana Kaluzynski, sin cuya ayuda esta edición no hubiera sido posible

Printed in Spain – Impreso en España

ISBN: 84-9759-817-2 (vol. 367/8)
Depósito legal: B. 30.779 - 2003

Fotocomposición: Comptex & Ass., S. L.

Impreso en Novoprint, S. A.
Energia, 53. Sant Andreu de la Barca (Barcelona)

P 898172

PRÓLOGO

Sobre las *Odas elementales*

Juan José Saer

Los detractores de Pablo Neruda suelen dirigirle varios reproches. El primero es el fluir torrencial de su poesía, aduciendo, no sin razón, que escribió más de la cuenta, y negándose por principio a buscar, en esa obra demasiado abundante, el oro entre el fango. El segundo se refiere al contenido mismo de su obra, como si los temas políticos fuesen a priori ineptos para la creación poética, ignorando, o fingiendo ignorar, con ese argumento, que una buena parte de la mayor poesía de todos los tiempos –Homero, Virgilio, Dante, Shakespeare, Quevedo, Darío, Vallejo– se nutre ampliamente de esos temas. En realidad, presentes a lo largo de su obra a partir de la guerra de España, los temas políticos o históricos ocupan en forma exclusiva sólo algunos de sus libros, como por ejemplo el final de *Tercera residencia*, el *Canto general*, y algunos volúmenes circunstanciales, en los momentos de recrudescencia de la guerra fría, durante los que, atrapado en las turbulencias políticas de su país, debió emigrar y puso su pluma al servicio de lo que consideraba una causa justa (con una serie de deplorables vaivenes y obsecuencias hacia su propio campo, ni más ni menos graves que las de Borges, Nabokov y algunos otros hacia el campo opuesto).

Lo más probable es que esos detractores, juzgando sin matices las posiciones políticas del poeta, se hayan negado a reflexionar seriamente sobre su poesía. Que la obra de Neruda es sin duda una de las mayores del siglo XX, y no únicamente en nuestro idioma, es una afirmación que, pasadas ya las contingencias históricas, no debería ofuscar demasiado a los lectores de poesía. Es verdad que esa obra es demasiado abundante, como lo fue la de Victor Hugo, con quien se lo ha comparado a menudo, o con más perceptibles afinidades, como la de Pa-

blo Picasso. La explicación de esa abundancia es menos tortuo-
sa de lo que parece a primera vista: simplemente, hay artistas
que, cuando pasan a realizar una obra, ya han resuelto inte-
riormente muchos de los problemas que supone su ejecución,
en tanto que otros, es a través de versiones sucesivas que los
resuelven. De este orden es el talento de Neruda, y es fácil ob-
servar, en las distintas etapas de su obra, una organización en
ciclos, en la que ciertas ideas poéticas requieren un desarrollo
prolongado, para ir alcanzando poco a poco, a través de va-
riaciones y tentativas diversas, su madurez. Tal es el caso de
las *Odas elementales*.

Abandonando la construcción épica, sistemática del *Canto
general* (a la que volverá más tarde, en los años sesenta, con
Canción de gesta), Neruda encuentra en las odas una libertad
expresiva y temática, una fluidez lírica y una especie de eufo-
ria que sugieren, después de muchos desgarramientos, históri-
cos y personales, una reconciliación con el mundo. La senci-
llez formal de estas odas y el prosaísmo deliberado de muchos
de sus temas –la pereza, el tomate, el caldillo de congrio, la ce-
bolla, los calcetines, etc.– las convierten en un antecedente
inmediato de lo que se llamó la poesía conversacional latinoa-
mericana y en cierto modo también de la antipoesía, y en algu-
nos momentos su eficacia descriptiva, y la exactitud de sus me-
táforas y de sus comparaciones al evocar toda clase de objetos
ordinarios, recuerdan la poesía de Francis Ponge. El ciclo de
las odas, que se despliega en cuatro libros, aparecidos en en-
tregas sucesivas durante un lustro –de 1954 a 1959– es un va-
gabundeo poético que hace del mundo entero su objeto, y en el
que los temas van apareciendo ante la imaginación del poeta a
medida que las cosas, los lugares o los hombres que canta, se
presentan a la memoria o a la experiencia.

Neruda llamó a estas odas *elementales* por muchos motivos,
aludiendo en primer lugar a la forma simple y directa en la que
el discurso poético, desde el primer verso del conjunto, fluye
con toda libertad, y también en razón de los temas de que se
ocupan. Pero por elementales debemos entender también *ma-
teriales*, y podemos afirmar que es en estas odas donde los su-
puestos materialistas de la poesía de Neruda alcanzan su ex-

presión más acabada. La materia desmembrada y caótica, reducida a veces a puro magma, de *Residencia en la tierra*, recobra aquí, en la plenitud de la reconciliación, su forma y su sentido. Como lo dice la «Oda a la primavera»: «todo / busca / palpando / una materia / que repita su forma». En realidad, todas las grandes líneas de la poesía nerudiana son retomadas a través de las odas, y en ellas reaparecen también sus aspectos políticos y autobiográficos, relativizados en el contexto de una poesía sensorial que abarca al mismo tiempo lo inmediato y lo cósmico. La realidad vivida en sus múltiples planos, lecturas, amigos (y enemigos), encomios y repudios, aceptaciones y rechazos, los grandes temas clásicos de la lírica, como la noche, el otoño, la lluvia, el pasado, pero también las cosas más inadvertidas o banales, como la magnífica «Oda a una castaña en el suelo», tejen la alfombra abigarrada, llena de contrastes y de súbitas iluminaciones, de este período tan singular de la obra de Neruda. Algunos de los momentos más eminentes de su poesía se encuentran en estas *Odas elementales*.

Odas elementales

[1952-1954]

El hombre invisible

Yo me río,
me sonrío
de los viejos poetas,
yo adoro toda
la poesía escrita,
todo el rocío,
luna, diamante, gota
de plata sumergida
que fue mi antiguo hermano
agregando a la rosa,
pero
me sonrío,
siempre dicen «yo»,
a cada paso
les sucede algo,
es siempre «yo»,
por las calles
sólo ellos andan
o la dulce que aman,
nadie más,
no pasan pescadores,
ni libreros,
no pasan albañiles,
nadie se cae
de un andamio,
nadie sufre,
nadie ama,
sólo mi pobre hermano,
el poeta,
a él le pasan
todas las cosas
y a su dulce querida,

nadie vive
sino él solo,
nadie llora de hambre
o de ira,
nadie sufre en sus versos
porque no puede
pagar el alquiler,
a nadie en poesía
echan a la calle
con camas y con sillas
y en las fábricas
tampoco pasa nada,
no pasa nada,
se hacen paraguas, copas,
armas, locomotoras,
se extraen minerales
rascando el infierno,
hay huelga,
vienen soldados,
disparan,
disparan contra el pueblo,
es decir,
contra la poesía,
y mi hermano
el poeta
estaba enamorado,
o sufría
porque sus sentimientos
son marinos,
ama los puertos
remotos, por sus nombres,
y escribe sobre océanos
que no conoce,
junto a la vida, repleta
como el maíz de granos,
él pasa sin saber
desgranarla,
él sube y baja

sin tocar la tierra,
o a veces
se siente profundísimo
y tenebroso,
él es tan grande
que no cabe en sí mismo,
se enreda y desenreda,
se declara maldito,
lleva con gran dificultad la cruz
de las tinieblas,
piensa que es diferente
a todo el mundo,
todos los días come pan
pero no ha visto nunca
un panadero
ni ha entrado a un sindicato
de panificadores,
y así mi pobre hermano
se hace oscuro,
se tuerce y se retuerce
y se halla
interesante,
interesante,
ésta es la palabra,
yo no soy superior
a mi hermano
pero sonrío,
porque voy por las calles
y sólo yo no existo,
la vida corre
como todos los ríos,
yo soy el único
invisible,
no hay misteriosas sombras,
no hay tinieblas,
todo el mundo me habla,
me quieren contar cosas,
me hablan de sus parientes,

de sus miserias
y de sus alegrías,
todos pasan y todos
me dicen algo,
y cuántas cosas hacen!
cortan maderas,
suben hilos eléctricos,
amasan hasta tarde en la noche
el pan de cada día,
con una lanza de hierro
perforan las entrañas
de la tierra
y convierten el hierro
en cerraduras,
suben al cielo y llevan
cartas, sollozos, besos,
en cada puerta
hay alguien,
nace alguno,
o me espera la que amo,
y yo paso y las cosas
me piden que las cante,
yo no tengo tiempo,
debo pensar en todo,
debo volver a casa,
pasar al Partido,
qué puedo hacer,
todo me pide
que hable,
todo me pide
que cante y cante siempre,
todo está lleno
de sueños y sonidos,
la vida es una caja
llena de cantos, se abre
y vuela y viene
una bandada
de pájaros

que quieren contarme algo
descansando en mis hombros,
la vida es una lucha
como un río que avanza
y los hombres
quieren decirme,
decirte,
por qué luchan,
si mueren,
por qué mueren,
y yo paso y no tengo
tiempo para tantas vidas,
yo quiero
que todos vivan
en mi vida
y canten en mi canto,
yo no tengo importancia,
no tengo tiempo
para mis asuntos,
de noche y de día
debo anotar lo que pasa,
y no olvidar a nadie.
Es verdad que de pronto
me fatigo
y miro las estrellas,
me tiendo en el pasto, pasa
un insecto color de violín,
pongo el brazo
sobre un pequeño seno
o bajo la cintura
de la dulce que amo,
y miro el terciopelo
duro
de la noche que tiembla
con sus constelaciones congeladas,
entonces
siento subir a mi alma
la ola de los misterios,

la infancia,
el llanto en los rincones,
la adolescencia triste,
y me da sueño,
y duermo
como un manzano,
me quedo dormido
de inmediato
con las estrellas o sin las estrellas,
con mi amor o sin ella,
y cuando me levanto
se fue la noche,
la calle ha despertado antes que yo,
a su trabajo
van las muchachas pobres,
los pescadores vuelven
del océano,
los mineros
van con zapatos nuevos
entrando en la mina,
todo vive,
todos pasan,
andan apresurados,
y yo tengo apenas tiempo
para vestirme,
yo tengo que correr:
ninguno puede
pasar sin que yo sepa
adónde va, qué cosa
le ha sucedido.
No puedo
sin la vida vivir,
sin el hombre ser hombre
y corro y veo y oigo
y canto,
las estrellas no tienen
nada que ver conmigo,
la soledad no tiene

flor ni fruto.
Dadme para mi vida
todas las vidas,
dadme todo el dolor
de todo el mundo,
yo voy a transformarlo
en esperanza.
Dadme
todas las alegrías,
aun las más secretas,
porque si así no fuera,
cómo van a saberse?
Yo tengo que contarlas,
dadme
las luchas
de cada día
porque ellas son mi canto,
y así andaremos juntos,
codo a codo,
todos los hombres,
mi canto los reúne:
el canto del hombre invisible
que canta con todos los hombres.

Oda al aire

Andando en un camino
encontré al aire,
lo saludé y le dije
con respeto:
«Me alegro
de que por una vez
dejes tu transparencia,
así hablaremos».
El incansable

bailó, movió las hojas,
sacudió con su risa
el polvo de mis suelas,
y levantando toda
su azul arboladura,
su esqueleto de vidrio,
sus párpados de brisa,
inmóvil como un mástil
se mantuvo escuchándome.
Yo le besé su capa
de rey del cielo,
me envolví en su bandera
de seda celestial
y le dije:
monarca o camarada,
hilo, corola o ave,
no sé quién eres, pero
una cosa te pido,
no te vendas.
El agua se vendió
y de las cañerías
en el desierto
he visto
terminarse las gotas
y el mundo pobre, el pueblo
caminar con su sed
tambaleando en la arena.
Vi la luz de la noche
racionada,
la gran luz en la casa
de los ricos.
Todo es aurora en los
nuevos jardines suspendidos.
Todo es oscuridad
en la terrible
sombra del callejón.
De allí la noche,
madre madrastra,

sale
con un puñal en medio
de sus ojos de búho,
y un grito, un crimen,
se levantan y apagan
tragados por la sombra.
No, aire,
no te vendas,
que no te canalicen,
que no te entuben,
que no te encajen
ni te compriman,
que no te hagan tabletas,
que no te metan en una botella,
cuidado!
llámame
cuando me necesites,
yo soy el poeta hijo
de pobres, padre, tío,
primo, hermano carnal
y concuñado
de los pobres, de todos,
de mi patria y las otras,
de los pobres que viven junto al río
y de los que en la altura
de la vertical cordillera
pican piedra,
clavan tablas,
cosen ropa,
cortan leña,
muelen tierra,
y por eso
yo quiero que respiren,
tú eres lo único que tienen,
por eso eres
transparente,
para que vean
lo que vendrá mañana,

por eso existes,
aire,
déjate respirar,
no te encadenes,
no te fíes de nadie
que venga en automóvil
a examinarte,
déjalos,
ríete de ellos,
vuélales el sombrero,
no aceptes
sus proposiciones,
vamos juntos
bailando por el mundo,
derribando las flores
del manzano,
entrando en las ventanas,
silbando juntos,
silbando
melodías
de ayer y de mañana,
ya vendrá un día
en que libertaremos
la luz y el agua,
la tierra, el hombre,
y todo para todos
será, como tú eres.
Por eso, ahora,
cuidado!
y ven conmigo,
nos queda mucho
que bailar y cantar,
vamos
a lo largo del mar,
a lo alto de los montes,
vamos
donde esté floreciendo
la nueva primavera

y en un golpe de viento
y canto
repartamos las flores,
el aroma, los frutos,
el aire
de mañana.

Oda a la alcachofa

La alcachofa
de tierno corazón
se vistió de guerrero,
erecta, construyó
una pequeña cúpula,
se mantuvo
impermeable
bajo
sus escamas,
a su lado
los vegetales locos
se encresparon,
se hicieron
zarcillos, espadañas,
bulbos conmovedores,
en el subsuelo
durmió la zanahoria
de bigotes rojos,
la viña
resecó los sarmientos
por donde sube el vino,
la col
se dedicó
a probarse faldas,
el orégano
a perfumar el mundo,

y la dulce
alcachofa
allí en el huerto,
vestida de guerrero,
bruñida
como una granada,
orgullosa,
y un día
una con otra
en grandes cestos
de mimbre, caminó
por el mercado
a realizar su sueño:
la milicia.
En hileras
nunca fue tan marcial
como en la feria,
los hombres
entre las legumbres
con sus camisas blancas
eran
mariscales
de las alcachofas,
las filas apretadas,
las voces de comando,
y la detonación
de una caja que cae,
pero
entonces
viene
María
con su cesto,
escoge
una alcachofa,
no le teme,
la examina, la observa
contra la luz como si fuera un huevo,
la compra,

la confunde
en su bolsa
con un par de zapatos,
con un repollo y una
botella
de vinagre
hasta
que entrando a la cocina
la sumerge en la olla.
Así termina
en paz
esta carrera
del vegetal armado
que se llama alcachofa,
luego
escama por escama
desvestimos
la delicia
y comemos
la pacífica pasta
de su corazón verde.

Oda a la alegría

Alegría,
hoja verde
caída en la ventana,
minúscula
claridad
recién nacida,
elefante sonoro,
deslumbrante
moneda,
a veces
ráfaga quebradiza,

pero
más bien
pan permanente,
esperanza cumplida,
deber desarrollado.
Te desdeñé, alegría.
Fui mal aconsejado.
La luna
me llevó por sus caminos.
Los antiguos poetas
me prestaron anteojos
y junto a cada cosa
un nimbo oscuro
puse,
sobre la flor una corona negra,
sobre la boca amada
un triste beso.
Aún es temprano.
Déjame arrepentirme.
Pensé que solamente
si quemaba
mi corazón
la zarza del tormento,
si mojaba la lluvia
mi vestido
en la comarca cárdena del luto,
si cerraba
los ojos a la rosa
y tocaba la herida,
si compartía todos los dolores,
yo ayudaba a los hombres.
No fui justo.
Equivoqué mis pasos
y hoy te llamo, alegría.

Como la tierra
eres
necesaria.

Como el fuego
sustentas
los hogares.

Como el pan
eres pura.

Como el agua de un río
eres sonora.

Como una abeja
repartes miel volando.

Alegría,
fui un joven taciturno,
hallé tu cabellera
escandalosa.

No era verdad, lo supe
cuando en mi pecho
desató su cascada.

Hoy, alegría,
encontrada en la calle,
lejos de todo libro,
acompáñame:

contigo
quiero ir de casa en casa,
quiero ir de pueblo en pueblo,
de bandera en bandera.
No eres para mí solo.
A las islas iremos,
a los mares.
A las minas iremos,
a los bosques.
No sólo leñadores solitarios,
pobres lavanderas

o erizados, augustos
picapedreros,
me van a recibir con tus racimos,
sino los congregados,
los reunidos,
los sindicatos de mar o madera,
los valientes muchachos
en su lucha.

Contigo por el mundo!
Con mi canto!
Con el vuelo entreabierto
de la estrella,
y con el regocijo
de la espuma!

Voy a cumplir con todos
porque debo
a todos mi alegría.

No se sorprenda nadie porque quiero
entregar a los hombres
los dones de la tierra,
porque aprendí luchando
que es mi deber terrestre
propagar la alegría.
Y cumplo mi destino con mi canto.

Oda a las Américas

Américas purísimas,
tierras que los océanos
guardaron
intactas y purpúreas,
siglos de colmenares silenciosos,

pirámides, vasijas,
ríos de ensangrentadas mariposas,
volcanes amarillos
y razas de silencio,
formadoras de cántaros,
labradoras de piedra.

Y hoy, Paraguay, turquesa
fluvial, rosa enterrada,
te convertiste en cárcel.
Perú, pecho del mundo,
corona
de las águilas,
existes?
Venezuela, Colombia,
no se oyen
vuestras bocas felices.
Dónde ha partido el coro
de plata matutina?
Sólo los pájaros
de antigua vestidura,
sólo las cataratas
mantienen su diadema.
La cárcel ha extendido
sus barrotes.
En el húmedo reino
del fuego y la esmeralda,
entre
los ríos paternales,
cada día
sube un mandón y con su sable corta,
hipoteca y remata tu tesoro.
Se abre la cacería
del hermano.
Suenan tiros perdidos en los puertos.
Llegan de Pensylvania
los expertos,
los nuevos

conquistadores,
mientras tanto
nuestra sangre
alimenta
las pútridas
plantaciones o minas subterráneas,
los dólares resbalan
y
nuestras locas muchachas
se descaderan aprendiendo el baile
de los orangutanes.
Américas purísimas,
sagrados territorios,
qué tristeza!
Muere un Machado y un Batista nace.
Permanece un Trujillo.
Tanto espacio
de libertad silvestre,
Américas,
tanta
pureza, agua
de océano,
pampas de soledad, vertiginosa
geografía
para que se propaguen los minúsculos
negociantes de sangre.
Qué pasa?
Cómo puede
continuar el silencio
entrecortado
por sanguinarios loros
encaramados en las enramadas
de la codicia panamericana?
Américas heridas
por la más ancha espuma,
por los felices mares
olorosos
a la pimienta de los archipiélagos,

Américas
oscuras,
inclinada
hacia nosotros surge
la estrella de los pueblos,
nacen héroes, se cubren
de victoria
otros caminos,
existen otra vez
viejas naciones,
en la luz más radiante
se traspasa el otoño,
el viento se estremece
con las nuevas banderas.
Que tu voz y tus hechos,
América,
se desprendan
de tu cintura verde,
termine
tu amor encarcelado,
restaures el decoro
que te dio nacimiento
y eleves tus espigas sosteniendo
con otros pueblos
la irresistible aurora.

Oda al amor

Amor, hagamos cuentas.
A mi edad
no es posible
engañar o engañarnos.
Fui ladrón de caminos,
tal vez,
no me arrepiento.

Un minuto profundo,
una magnolia rota
por mis dientes
y la luz de la luna
celestina.
Muy bien, pero, el balance?
La soledad mantuvo
su red entretejida
de fríos jazmineros
y entonces
la que llegó a mis brazos
fue la reina rosada
de las islas.
Amor,
con una gota,
aunque caiga
durante toda y toda
la nocturna
primavera
no se forma el océano
y me quedé desnudo,
solitario, esperando.

Pero, he aquí que aquella
que pasó por mis brazos
como una ola,
aquella
que sólo fue un sabor
de fruta vespertina,
de pronto
parpadeó como estrella,
ardió como paloma
y la encontré en mi piel
desenlazándose
como la cabellera de una hoguera.
Amor, desde aquel día
todo fue más sencillo.
Obedecí las órdenes

que mi olvidado corazón me daba
y apreté su cintura
y reclamé su boca
con todo el poderío
de mis besos,
como un rey que arrebata
con un ejército desesperado
una pequeña torre donde crece
la azucena salvaje de su infancia.

Por eso, Amor, yo creo
que enmarañado y duro
puede ser tu camino,
pero que vuelves
de tu cacería
y cuando enciendes
otra vez el fuego,
como el pan en la mesa,
así, con sencillez,
debe estar lo que amamos.
Amor, eso me diste.
Cuando por vez primera
ella llegó a mis brazos
pasó como las aguas
en una despeñada primavera.
Hoy
la recojo.
Son angostas mis manos y pequeñas
las cuencas de mis ojos
para que ellas reciban
su tesoro,
la cascada
de interminable luz, el hilo de oro,
el pan de su fragancia
que son sencillamente, Amor, mi vida.

Oda al átomo

Pequeñísima
estrella,
parecías
para siempre
enterrada
en el metal: oculto,
tu diabólico
fuego.
Un día
golpearon
en la puerta
minúscula:
era el hombre.
Con una
descarga
te desencadenaron,
viste el mundo,
saliste
por el día,
recorriste
ciudades,
tu gran fulgor llegaba
a iluminar las vidas,
eras
una fruta terrible,
de eléctrica hermosura,
venías
a apresurar las llamas
del estío,
y entonces
llegó
armado
con anteojos de tigre

y armadura,
con camisa cuadrada,
sulfúricos bigotes,
cola de puerco espín,
llegó el guerrero
y te sedujo:
duerme,
te dijo,
enróllate,
átomo, te pareces
a un dios griego,
a una primaveral
modista de París,
acuéstate
en mi uña,
entra en esta cajita,
y entonces
el guerrero
te guardó en su chaleco
como si fueras sólo
píldora
norteamericana,
y viajó por el mundo
dejándote caer
en Hiroshima.

Despertamos.

La aurora
se había consumido.
Todos los pájaros
cayeron calcinados.
Un olor
de ataúd,
gas de las tumbas,
tronó por los espacios.
Subió horrenda
la forma del castigo

sobrehumano,
hongo sangriento, cúpula,
humareda,
espada
del infierno.
Subió quemante el aire
y se esparció la muerte
en ondas paralelas,
alcanzando
a la madre dormida
con su niño,
al pescador del río
y a los peces,
a la panadería
y a los panes,
al ingeniero
y a sus edificios,
todo
fue polvo
que mordía,
aire
asesino.

La ciudad
desmoronó sus últimos alvéolos,
cayó, cayó de pronto,
derribada,
podrida,
los hombres
fueron súbitos leprosos,
tomaban
la mano de sus hijos
y la pequeña mano
se quedaba en sus manos.
Así, de tu refugio,
del secreto
manto de piedra
en que el fuego dormía

te sacaron,
chispa enceguecedora,
luz rabiosa,
a destruir las vidas,
a perseguir lejanas existencias,
bajo el mar,
en el aire,
en las arenas,
en el último
recodo de los puertos,
a borrar
las semillas,
a asesinar los gérmenes,
a impedir la corola,
te destinaron, átomo,
a dejar arrasadas
las naciones,
a convertir el amor en negra pústula,
a quemar amontonados corazones
y aniquilar la sangre.

Oh chispa loca,
vuelve
a tu mortaja,
entiérrate
en tus manos minerales,
vuelve a ser piedra ciega,
desoye a los bandidos,
colabora
tú, con la vida, con la agricultura,
suplanta los motores,
eleva la energía,
fecunda los planetas.
Ya no tienes
secreto,
camina
entre los hombres
sin máscara

terrible,
apresurando el paso
y extendiendo
los pasos de los frutos,
separando
montañas,
enderezando ríos,
fecundando,
átomo,
desbordada
copa
cósmica,
vuelve
a la paz del racimo,
a la velocidad de la alegría,
vuelve al recinto
de la naturaleza,
ponte a nuestro servicio
y en vez de las cenizas
mortales
de tu máscara,
en vez de los infiernos desatados
de tu cólera,
en vez de la amenaza
de tu terrible claridad, entréganos
tu sobrecogedora
rebeldía
para los cereales,
tu magnetismo desencadenado
para fundar la paz entre los hombres,
y así no será infierno
tu luz deslumbradora,
sino felicidad,
matutina esperanza,
contribución terrestre.

Oda a las aves de Chile

Aves de Chile, de plumaje negro,
nacidas
entre la cordillera y las espumas,
aves hambrientas,
pájaros sombríos,
cernícalos, halcones,
águilas de las islas,
cóndores coronados por la nieve,
pomposos buitres enlutados,
devoradores de carroña,
dictadores del cielo,
aves amargas,
buscadoras de sangre,
nutridas con serpientes,
ladronas,
brujas del monte,
sangrientas
majestades,
admiro
vuestro vuelo.
Largo rato interrogo
el espacio extendido
buscando el movimiento
de las alas:
allí estáis,
naves negras
de aterradora altura,
silenciosas estirpes
asesinas,
estrellas sanguinarias.
En la costa
la espuma sube al ala.
Ácida luz

salpica
el vuelo
de las aves marinas,
rozando el agua cruzan
migratorias,
cierran de pronto
el vuelo
y caen como flechas
sobre el volumen verde.

Yo navegué sin tregua
las orillas,
el desdentado litoral, la calle
entre las islas
del océano,
el grande mar Pacífico,
rosa azul de pétalos rabiosos,
y en el Golfo de Penas
el cielo
y el albatros,
la soledad del aire y su medida,
la ola negra del cielo.
Más allá,
sacudido
por olas y por alas,
cormoranes,
gaviotas y piqueros,
el océano vuela,
las abruptas
rocas golpeadas por el mar se mueven
palpitantes de pájaros,
se desborda la luz, el crecimiento,
atraviesa los mares hacia el norte
el vuelo de la vida.

Pero no sólo mares
o tempestuosas
cordilleras andinas

procreadoras
de pájaros terribles,
eres,
oh delicada patria mía:
entre tus brazos verdes se deslizan
las diucas matutinas,
van a misa
vestidas con sus mantos diminutos,
tordos ceremoniales
y metálicos loros,
el minúsculo
siete colores de los pajonales,
el queltehue
que al elevar el vuelo
despliega su abanico
de nieve blanca y negra,
el canastero y el matacaballo,
el fringilo dorado,
el jacamar y el huilque,
la torcaza,
el chincol y el chirigüe,
la tenca cristalina,
el zorzal suave,
el jilguero que danza sobre el hilo
de la música pura,
el cisne austral, nave
de plata
y enlutado terciopelo,
la perdiz olorosa y el relámpago
de los fosforescentes picaflores.
En la suave cintura de mi patria,
entre las monarquías iracundas
del volcán y el océano,
aves de la dulzura,
tocáis el sol, el aire,
sois el temblor de un vuelo en el verano
del agua a mediodía,
rayos de luz violeta en la arboleda,

campanitas redondas,
pequeños aviadores polvorientos
que regresan del polen,
buzos en la espesura de la alfalfa.

Oh vivo vuelo!

Oh viviente hermosura!

Oh multitud del trino!

Aves de Chile, huracanadas
naves carniceras
o dulces y pequeñas
criaturas
de la flor y las uvas,
vuestros nidos construyen
la fragante unidad del territorio:
vuestras vidas errantes
son el pueblo del cielo
que nos canta,
vuestro vuelo
reúne las estrellas de la patria.

Oda al caldillo de congrio

En el mar
tormentoso
de Chile
vive el rosado congrio,
gigante anguila
de nevada carne.
Y en las ollas
chilenas,
en la costa,

nació el caldillo
grávido y suculento,
provechoso.
Lleven a la cocina
el congrio desollado,
su piel manchada cede
como un guante
y al descubierto queda
entonces
el racimo del mar,
el congrio tierno
reluce
ya desnudo,
preparado
para nuestro apetito.
Ahora
recoges
ajos,
acaricia primero
ese marfil
precioso,
huele
su fragancia iracunda,
entonces
deja el ajo picado
caer con la cebolla
y el tomate
hasta que la cebolla
tenga color de oro.
Mientras tanto
se cuecen
con el vapor
los regios
camarones marinos
y cuando ya llegaron
a su punto,
cuando cuajó el sabor
en una salsa

formada por el jugo
del océano
y por el agua clara
que desprendió la luz de la cebolla,
entonces
que entre el congrio
y se sumerja en gloria,
que en la olla
se aceite,
se contraiga y se impregne.
Ya sólo es necesario
dejar en el manjar
caer la crema
como una rosa espesa,
y al fuego
lentamente
entregar el tesoro
hasta que en el caldillo
se calienten
las esencias de Chile,
y a la mesa
lleguen recién casados
los sabores
del mar y de la tierra
para que en ese plato
tú conozcas el cielo.

Oda a una castaña en el suelo

Del follaje erizado
caíste
completa,
de madera pulida,
de lúcida caoba,
lista

como un violín que acaba
de nacer en la altura,
y cae
ofreciendo sus dones encerrados,
su escondida dulzura,
terminada en secreto
entre pájaros y hojas,
escuela de la forma,
linaje de la leña y de la harina,
instrumento ovalado
que guarda en su estructura
delicia intacta y rosa comestible.
En lo alto abandonaste
el erizado erizo
que entreabrió sus espinas
en la luz del castaño,
por esa partidura
viste el mundo,
pájaros
llenos de sílabas,
rocío
con estrellas,
y abajo
cabezas de muchachos
y muchachas,
hierbas que tiemblan sin reposo,
humo que sube y sube.
Te decidiste,
castaña,
y saltaste a la tierra,
bruñida y preparada,
endurecida y suave
como un pequeño seno
de las islas de América.
Caíste
golpeando
el suelo
pero

nada pasó,
la hierba
siguió temblando, el viejo
castaño susurró como las bocas
de toda una arboleda,
cayó una hoja del otoño rojo,
firme siguieron trabajando
las horas en la tierra.
Porque eres
sólo
una semilla,
castaño, otoño, tierra,
agua, altura, silencio
prepararon el germen,
la harinosa espesura,
los párpados maternos
que abrirán, enterrados,
de nuevo hacia la altura
la magnitud sencilla
de un follaje,
la oscura trama húmeda
de unas nuevas raíces,
las antiguas y nuevas dimensiones
de otro castaño en la tierra.

Oda a la cebolla

Cebolla,
luminosa redoma,
pétalo a pétalo
se formó tu hermosura,
escamas de cristal te acrecentaron
y en el secreto de la tierra oscura
se redondeó tu vientre de rocío.
Bajo la tierra

fue el milagro
y cuando apareció
tu torpe tallo verde,
y nacieron
tus hojas como espadas en el huerto,
la tierra acumuló su poderío
mostrando tu desnuda transparencia,
y como en Afrodita el mar remoto
duplicó la magnolia
levantando sus senos,
la tierra
así te hizo,
cebolla,
clara como un planeta,
y destinada
a relucir,
constelación constante,
redonda rosa de agua,
sobre
la mesa
de las pobres gentes.

Generosa
deshaces
tu globo de frescura
en la consumación
ferviente de la olla,
y el jirón de cristal
al calor encendido del aceite
se transforma en rizada pluma de oro.

También recordaré cómo fecunda
tu influencia el amor de la ensalada
y parece que el cielo contribuye
dándote fina forma de granizo
a celebrar tu claridad picada
sobre los hemisferios de un tomate.
Pero al alcance

de las manos del pueblo,
regada con aceite,
espolvoreada
con un poco de sal,
matas el hambre
del jornalero en el duro camino.
Estrella de los pobres,
hada madrina
envuelta
en delicado
papel, sales del suelo,
eterna, intacta, pura
como semilla de astro,
y al cortarte
el cuchillo en la cocina
sube la única lágrima
sin pena.
Nos hiciste llorar sin afligirnos.

Yo cuanto existe celebré, cebolla,
pero para mí eres
más hermosa que un ave
de plumas cegadoras,
eres para mis ojos
globo celeste, copa de platino,
baile inmóvil
de anémona nevada

y vive la fragancia de la tierra
en tu naturaleza cristalina.

Oda a la claridad

La tempestad dejó
sobre la hierba
hilos de pino, agujas,

y el sol en la cola del viento.
Un azul dirigido
llena el mundo.

Oh día pleno,
oh fruto
del espacio,
mi cuerpo es una copa
en que la luz y el aire
caen como cascadas.
Toco
el agua marina.
Sabor
de fuego verde,
de beso ancho y amargo
tienen las nuevas olas
de este día.
Tejen su trama de oro
las cigarras
en la altura sonora.
La boca de la vida
besa mi boca.
Vivo,
amo
y soy amado.
Recibo
en mi ser cuanto existe.
Estoy sentado
en una piedra:
en ella
tocan
las aguas y las sílabas
de la selva,
la claridad sombría
del manantial que llega
a visitarme.
Toco
el tronco de cedro

cuyas arrugas me hablan
del tiempo y de la tierra.
Marcho
y voy con los ríos
cantando
con los ríos,
ancho, fresco y aéreo
en este nuevo día,
y lo recibo,
siento
cómo
entra en mi pecho, mira con mis ojos.

Yo soy,
yo soy el día,
soy
la luz.
Por eso
tengo
deberes de mañana,
trabajos de mediodía.
Debo
andar
con el viento y el agua,
abrir ventanas,
echar abajo puertas,
romper muros,
iluminar rincones.

No puedo
quedarme sentado.
Hasta luego.
Mañana
nos veremos.
Hoy tengo muchas
batallas que vencer.
Hoy tengo muchas sombras
que herir y terminar.

Hoy no puedo
estar contigo, debo
cumplir mi obligación
de luz:
ir y venir por las calles,
las casas y los hombres
destruyendo
la oscuridad. Yo debo
repartirme
hasta que todo sea día,
hasta que todo sea claridad
y alegría en la tierra.

Oda al cobre

El cobre ahí
dormido.
Son los cerros del Norte
desolado.
Desde arriba
las cumbres
del cobre,
cicatrices hurañas,
mantos verdes,
cúpulas carcomidas
por el ímpetu
abrasador del tiempo,
cerca
de nosotros
la mina:
la mina es sólo el hombre,
no sale
de la tierra
el mineral,
sale

del pecho humano,
allí
se toca
el bosque muerto,
las arterias
del volcán
detenido,
se averigua
la veta,
se perfora
y
estalla
la dinamita,
la roca se derrama,
se purifica:
va naciendo
el cobre.
Antes nadie sabrá
diferenciarlo
de la piedra materna.
Ahora
es hombre,
parte del hombre,
pétalo pesado
de su gloria.
Ahora
ya no es verde,
es rojo,
se ha convertido en sangre,
en sangre dura,
en corazón terrible.

Veo
caer los montes,
abrirse
el territorio
en iracundas
cavidades pardas,

el desierto, las casas
transitorias.
El mineral
a fuego
y golpe
y mano
se convirtió en lingotes militares,
en batallones de mercaderías.
Se fueron los navíos.
A donde llegue
el cobre,
utensilio o alambre,
nadie
que lo toque
verá las escarpadas
soledades de Chile,
o las pequeñas casas a la orilla
del desierto,
o los picapedreros orgullosos,
mi pueblo, los mineros
que bajan a la mina.
Yo sufro.
Yo conozco.
Sucede
que de tanta dureza,
de las excavaciones,
herida y explosión, sudor y sangre,
cuando el hombre,
mi pueblo,
Chile,
dominó la materia,
apartó de la piedra
el mineral yacente,
éste se fue a Chicago
de paseo,
el cobre
se convirtió en cadenas,
en maquinaria tétrica

del crimen,
después de tantas luchas
para que mi patria lo pariera,
después de su glorioso,
virginal nacimiento,
lo hicieron ayudante de la muerte,
lo endurecieron y lo designaron
asesino.

Pregunto
a la empinada cordillera,
al desértico
litoral sacudido
por la espuma
del desencadenado mar de Chile:
para eso
el cobre nuestro
dormía
en el útero verde
de la piedra?
Nació para la muerte?
Al hombre
mío,
a mi hermano
de la cumbre erizada,
le pregunto:
para eso
le diste nacimiento entre dolores?
Para que fuera
ciclón amenazante,
tempestuosa desgracia?
Para que demoliera
las vidas
de los pobres,
de otros pobres,
de tu propia familia
que tal vez no conoces
y que está derramada
en todo el mundo?

Es hora
de dar el mineral
a los tractores,
a la fecundidad
de la tierra futura,
a la paz del sonido,
a la herramienta,
a la máquina clara
y a la vida.
Es hora
de dar
la huraña
mano abierta del cobre
a todo ser humano.
Por eso,
cobre,
serás nuestro,
no seguirán jugando
contigo
a los dados
los tahúres
de la carnicería!
De los cerros
abruptos,
de la altura
verde,
saldrá el cobre de Chile,
la cosecha
más dura
de mi pueblo,
la corola
incendiada,
irradiando
la vida
y no la muerte,
propagando la espiga
y no la sangre,
dando a todos los pueblos

nuestro amor
desenterrado,
nuestra montaña verde
que al contacto
de la vida y el viento
se transforma
en corazón sangrante,
en piedra roja.

Oda a la crítica

Yo escribí cinco versos:
uno verde,
otro era un pan redondo,
el tercero una casa levantándose,
el cuarto era un anillo,
el quinto verso era
corto como un relámpago
y al escribirlo
me dejó en la razón su quemadura.

Y bien, los hombres,
las mujeres,
vinieron y tomaron
la sencilla materia,
brizna, viento, fulgor, barro, madera
y con tan poca cosa
construyeron
paredes, pisos, sueños.
En una línea de mi poesía
secaron ropa al viento.
Comieron
mis palabras,
las guardaron
junto a la cabecera,

vivieron con un verso,
con la luz que salió de mi costado.
Entonces,
llegó un crítico mudo
y otro lleno de lenguas,
y otros, otros llegaron
ciegos o llenos de ojos,
elegantes algunos
como claveles con zapatos rojos,
otros estrictamente
vestidos de cadáveres,
algunos partidarios
del rey y su elevada monarquía,
otros se habían
enredado en la frente
de Marx y pataleaban en su barba,
otros eran ingleses,
sencillamente ingleses,
y entre todos
se lanzaron
con dientes y cuchillos,
con diccionarios y otras armas negras,
con citas respetables,
se lanzaron
a disputar mi pobre poesía
a las sencillas gentes
que la amaban:
y la hicieron embudos,
la enrollaron,
la sujetaron con cien alfileres,
la cubrieron con polvo de esqueleto,
la llenaron de tinta,
la escupieron con suave
benignidad de gatos,
la destinaron a envolver relojes,
la protegieron y la condenaron,
le arrimaron petróleo,
le dedicaron húmedos tratados,

la cocieron con leche,
le agregaron pequeñas piedrecitas,
fueron borrándole vocales,
fueron matándole
sílabas y suspiros,
la arrugaron e hicieron
un pequeño paquete
que destinaron cuidadosamente
a sus desvanes, a sus cementerios,
luego
se retiraron uno a uno
enfurecidos hasta la locura
porque no fui bastante
popular para ellos
o impregnados de dulce menosprecio
por mi ordinaria falta de tinieblas,
se retiraron
todos
y entonces,
otra vez,
junto a mi poesía
volvieron a vivir
mujeres y hombres,
de nuevo
hicieron fuego,
construyeron casas,
comieron pan,
se repartieron la luz
y en el amor unieron
relámpago y anillo.
Y ahora,
perdonadme, señores,
que interrumpa este cuento
que les estoy contando
y me vaya a vivir
para siempre
con la gente sencilla.

Oda a Ángel Cruchaga

Ángel, recuerdo
en mi infancia
austral y sacudida
por la lluvia y el viento,
de pronto,
tus alas,
el vuelo
de tu centelleante poesía,
la túnica
estrellada
que llenaba la noche, los caminos,
con un fulgor fosfórico,
eras
un palpitante río
lleno de peces,
eras
la cola plateada
de una sirena verde
que atravesaba el cielo
de oeste
a este,
la forma de la luz
se reunía
en tus alas, y el viento
dejaba caer lluvia y hojas negras
sobre tu vestidura.
Así era
allá lejos,
en mi infancia,
pero tu poesía,
no sólo
paso de muchas alas,
no sólo

piedra errante,
meteoro
vestido de amaranto y azucena,
ha sido y sigue siendo,
sino planta florida,
monumento
de la ternura humana,
azahar
con raíces
en el hombre.
Por eso,
Ángel,
te canto,
te he cantado
como canté todas las cosas puras,
metales,
aguas,
viento!
Todo lo que es lección para las vidas,
crecimiento
de dureza o dulzura,
como es tu poesía, el infinito
pan impregnado en llanto
de tu pasión, las nobles
maderas olorosas
que tus divinas manos elaboran.
Ángel,
tú, propietario
de los más extendidos jazmineros,
permite que tu hermano
menor deje en tu pecho
esta rama con lluvias
y raíces.
Yo la dejo en tu libro
para que así se impregne
de paz, de transparencia y de hermosura,
viviendo en la corola
de tu naturaleza diamantina.

Oda al día feliz

Esta vez dejadme
ser feliz,
nada ha pasado a nadie,
no estoy en parte alguna,
sucede solamente
que soy feliz
por los cuatro costados
del corazón, andando,
durmiendo o escribiendo.
Qué voy a hacerle, soy
feliz.
Soy más innumerable
que el pasto
en las praderas,
siento la piel como un árbol rugoso
y el agua abajo,
los pájaros arriba,
el mar como un anillo
en mi cintura,
hecha de pan y piedra la tierra
el aire canta como una guitarra.

Tú a mi lado en la arena
eres arena,
tú cantas y eres canto,
el mundo
es hoy mi alma,
canto y arena,
el mundo
es hoy tu boca,
dejadme
en tu boca y en la arena
ser feliz,

ser feliz porque sí, porque respiro
y porque tú respiras,
ser feliz porque toco
tu rodilla
y es como si tocara
la piel azul del cielo
y su frescura.

Hoy dejadme
a mí solo
ser feliz,
con todos o sin todos,
ser feliz
con el pasto
y la arena,
ser feliz
con el aire y la tierra,
ser feliz,
contigo, con tu boca,
ser feliz.

Oda al edificio

Socavando
en un sitio,
golpeando
en una punta,
extendiendo y puliendo
sube la llamarada construida,
la edificada altura
que creció para el hombre.

Oh alegría
del equilibrio y de las proporciones.
Oh peso utilizado

de huraños materiales,
desarrollo del lodo
a las columnas,
esplendor de abanico
en las escalas.
De cuántos sitios
diseminados en la geografía
aquí bajo la luz vino a elevarse
la unidad vencedora.

La roca fragmentó su poderío,
se adelgazó el acero, el cobre vino
a mezclar su salud con la madera
y ésta, recién llegada de los bosques,
endureció su grávida fragancia.

Cemento, hermano oscuro,
tu pasta los reúne,
tu arena derramada
aprieta, enrolla, sube
venciendo piso a piso.
El hombre pequeñito
taladra,
sube y baja.
Dónde está el individuo?
Es un martillo, un golpe
de acero en el acero,
un punto del sistema
y su razón se suma
al ámbito que crece.
Debió dejar caídos
sus pequeños orgullos
y elevar con los hombres una cúpula,
erigir entre todos
el orden
y compartir la sencillez metálica
de las inexorables estructuras.
Pero

todo sale del hombre.
A su llamado
acuden piedras y se elevan muros,
entra la luz a las salas,
el espacio se corta y se reparte.

El hombre
separará la luz de las tinieblas
y así
como venció su orgullo vano
e implantó su sistema
para que se elevara el edificio,
seguirá construyendo
la rosa colectiva,
reunirá en la tierra
el material huraño de la dicha
y con razón y acero
irá creciendo
el edificio de todos los hombres.

Oda a la energía

En el carbón tu planta
de hojas negras
parecía dormida,
luego
excavada
anduvo,
surgió,
fue
lengua loca
de fuego
y vivió adentro
de la locomotora
o de la nave,

rosa roja escondida,
víscera del acero,
tú que de los secretos
corredores
oscuros
recién llegada, ciega,
te entregabas
y motores
y ruedas,
maquinarias,
movimiento,
luz y palpitaciones,
sonidos,
de ti, energía,
de ti, madre energía,
fueron naciendo,
a golpes
los pariste,
quemaste los fogones
y las manos
del azul fogonero,
derribaste distancias
aullando adentro
de tu jaula
y hasta donde tú fuiste
devorándote,
donde alcanzó tu fuego,
llegaron los racimos,
crecieron
las ventanas,
las páginas se unieron como plumas
y volaron las alas de los libros:
nacieron hombres y cayeron árboles,
fecunda fue la tierra.
Energía, en la uva
eres redonda gota
de azúcar enlutado,
transparente

planeta,
llama líquida, esfera
de frenética púrpura
y aún multiplicado
grano de especie,
germen del trigo,
estrella cereal, piedra viviente
de imán o acero, torre
de los hilos eléctricos,
aguas en movimiento,
concentrada
paloma
sigilosa
de la energía, fondo
de los seres, te elevas
en la sangre del niño,
creces como una planta que florece en sus ojos,
endureces sus manos
golpeándolo, extendiéndolo
hasta que se hace hombre.

Fuego que corre y canta,
agua que crea,
crecimiento,
transforma nuestra vida,
saca
pan de las piedras,
oro del cielo,
ciudades del desierto,
danos,
energía,
lo que guardas,
extiende tus dones de fuego
allá
sobre la estepa,
fragua la fruta, enciende
el tesoro del trigo,
rompe la tierra, aplana

montes, extiende
las nuevas
fecundaciones
por la tierra
para que desde entonces,
desde allí,
desde donde
cambió la vida,
ahora
cambie la tierra,
toda
la tierra,
las islas,
el desierto
y cambie el hombre.

Entonces, oh energía,
espada ígnea,
no serás
enemiga,
flor y fruto completo
será tu dominada
cabellera,
tu fuego
será paz, estructura,
fecundidad, paloma,
extensión de racimos,
praderas de pan fresco.

Oda a la envidia

Yo vine
del Sur, de la Frontera.
La vida era lluviosa.
Cuando llegué a Santiago

me costó mucho
cambiar de traje.
Yo venía vestido
de riguroso invierno.
Flores de la intemperie
me cubrían.
Me desangré mudándome
de casa.
Todo estaba repleto,
hasta el aire tenía
olor a gente triste.
En las pensiones
se caía el papel
de las paredes.
Escribí, escribí sólo
para no morirme.
Y entonces
apenas
mis versos de muchacho
desterrado
ardieron
en la calle
me ladró Teodorico
y me mordió Ruibarbo.
Yo me hundí
en el abismo
de las casas más pobres,
debajo de la cama,
en la cocina,
adentro del armario,
donde nadie pudiera examinarme,
escribí, escribí sólo
para no morirme.

Todo fue igual. Se irguieron
amenazantes
contra mi poesía,
con ganchos, con cuchillos,
con alicates negros.

Crucé entonces
los mares
en el horror del clima
que susurraba fiebre con los ríos,
rodeado de violentos
azafranes y dioses,
me perdí en el tumulto
de los tambores negros,
en las emanaciones
del crepúsculo,
me sepulté y entonces
escribí, escribí sólo
para no morirme.

Yo vivía tan lejos, era grave
mi total abandono,
pero aquí los caimanes
afilaban
sus dentelladas verdes.

Regresé de mis viajes.
Besé a todos,
las mujeres, los hombres
y los niños.
Tuve partido, patria.
Tuve estrella.
Se colgó de mi brazo
la alegría.
Entonces en la noche,
en el invierno,
en los trenes, en medio
del combate,
junto al mar o las minas,
en el desierto o junto
a la que amaba
o acosado, buscándome
la policía,
hice sencillos versos

para todos los hombres
y para no morirme.

Y ahora
otra vez ahí están.
Son insistentes
como los gusanos,
son invisibles
como los ratones
de un navío,
van navegando
donde yo navego,
me descuido y me muerden
los zapatos,
existen porque existo.
Qué puedo hacer?
Yo creo
que seguiré cantando
hasta morirme.
No puedo en este punto
hacerles concesiones.
Puedo, si lo desean,
regalarles
una paquetería,
comprarles un paraguas
para que se protejan
de la lluvia inclemente
que conmigo llegó de la Frontera,
puedo enseñarles a andar a caballo,
o darles por lo menos
la cola de mi perro,
pero quiero que entiendan
que no puedo
amarrarme la boca
para que ellos
sustituyan mi canto.
No es posible.
No puedo.

Con amor o tristeza,
de madrugada fría,
a las tres de la tarde,
o en la noche,
a toda hora,
furioso, enamorado,
en tren, en primavera,
a oscuras o saliendo
de una boda,
atravesando el bosque
o la oficina,
a las tres de la tarde
o en la noche,
a toda hora,
escribiré no sólo
para no morirme,
sino para ayudar
a que otros vivan,
porque parece que alguien
necesita mi canto.
Seré,
seré implacable.
Yo les pido
que sostengan sin tregua el estandarte
de la envidia.
Me acostumbré a sus dientes.
Me hacen falta.
Pero quiero decirles
que es verdad:
me moriré algún día
(no dejaré de darles
esa satisfacción postrera),
no hay duda,
pero
me moriré cantando.
Y estoy casi seguro,
aunque no les agrade esta noticia,
que seguirá

mi canto
más acá de la muerte,
en medio
de mi patria,
será mi voz, la voz
del fuego o de la lluvia
o la voz de otros hombres,
porque con lluvia o fuego quedó escrito
que la simple
poesía
vive
a pesar de todo,
tiene una eternidad que no se asusta,
tiene tanta salud
como una ordeñadora
y en su sonrisa tanta dentadura
como para arruinar las esperanzas
de todos los reunidos
roedores.

Oda a la esperanza

Crepúsculo marino,
en medio
de mi vida,
las olas como uvas,
la soledad del cielo,
me llenas
y desbordas,
todo el mar,
todo el cielo,
movimiento
y espacio,
los batallones blancos
de la espuma,

la tierra anaranjada,
la cintura
incendiada
del sol en agonía,
tantos
dones y dones,
aves
que acuden a sus sueños,
y el mar, el mar,
aroma
suspendido,
coro de sal sonora,
mientras tanto,
nosotros,
los hombres,
junto al agua,
luchando
y esperando
junto al mar,
esperando.

Las olas dicen a la costa firme:
«Todo será cumplido».

Oda a la fertilidad de la tierra

A ti, fertilidad, entraña
verde,
madre materia, vegetal tesoro,
fecundación, aumento,
yo canto,
yo, poeta,
yo, hierba,
raíz, grano, corola,
sílaba de la tierra,

yo agrego mis palabras a las hojas,
yo subo a las ramas y al cielo.
Inquietas
son
las semillas,
sólo parecen
dormidas.
Las besa el fuego, el agua
las toca con su cinta
y se agitan,
largamente se mueven,
se interrogan,
abajo lanzan ojos,
encrespadas volutas,
tiernas derivaciones,
movimiento, existencia.
Hay que ver un granero
colmado,
allí todo reposa
pero
los fuegos de la vida,
los fermentos
llaman,
fermentan,
arden
con hilos invisibles.
Uno siente en los ojos
y en los dedos
la presión, la paciencia,
el trabajo
de gérmenes y bocas,
de labios y matrices.
El viento lleva ovarios.
La tierra entierra rosas.
El agua brota y busca.
El fuego hierve y canta.
Todo
nace.

Y eres,
fertilidad, una campana,
bajo tu círculo
la humedad y el silencio desarrollan
sus lenguas de verdura,
sube la savia,
estalla
la forma de la planta,
crece
la línea de la vida
y en su extremo se agrupan
la flor y los racimos.
Tierra, la primavera
se elabora en mi sangre,
siento
como si fuera
árbol, territorio,
cumplirse en mí los ciclos
de la tierra,
agua, viento y aroma
fabrican mi camisa,
en mi pecho terrones
que allí olvidó el otoño
comienzan a moverse,
salgo y silbo en la lluvia,
germina el fuego en mis manos,
y entonces
enarbolo
una bandera verde
que me sale del alma,
soy semilla, follaje,
encino que madura,
y entonces todo el día,
toda la noche canto,
sube de las raíces el susurro,
canta en el viento la hoja.
Fertilidad, te olvido.
Dejé tu nombre escrito

con la primera sílaba
de este canto,
eres tú más extensa,
más húmeda y sonora,
no puedo describirte,
ven a mí,
fertilízame,
dame sabor de fruto cada día,
dame
la secreta
tenacidad de las raíces,
y deja que mi canto
caiga en la tierra y suban
en cada primavera sus palabras.

Oda a la flor

Flores
de pobre
en las
ventanas
pobres,
pétalos
de sol pobre
en las desmoronadas
casas de la pobreza.

Yo veo cómo
la flor, su cabellera,
· su satinado pecho,
su apostura
relucen en la tienda.
Veo
cómo de allí el color, la luz de seda,
la torre de turgencia,

el ramo de oro,
el pétalo violeta de la aurora,
el pezón encendido de la rosa,
vestidos y desnudos
se preparan
para entrar a la casa de los ricos.

La geografía desbordó sus dones,
el océano
se transformó en camino,
la tierra entremezcló sus latitudes
y así la flor remota
navegó con su fuego,
y así llegó a tu puerta,
desde donde una mano presurosa
la retiró: «Tú no eres
flor de pobre, le dijo,
a ti te toca, flor,
brillar en medio
de la sala encerada,
no te metas en esa calle oscura,
incorpórate
a nuestro monopolio de alegría».

Y así voy por las calles
mirando las ventanas
donde el carmín caído
de un geranio
canta allí, en medio de las pobres vidas,
donde un clavel eleva
su flecha de papel y de perfume
junto a los vidrios rotos,
o donde una azucena
dejó su monasterio
y se vino a vivir con la pobreza.

Oh flor, no te condeno,
flor alta de encrespada investidura,

no te niego el derecho
de llevar el relámpago
que la tierra elevó con tu hermosura,
hasta la casa de los ricos.
Yo estoy seguro
que mañana
florecerás en todas
las moradas del hombre.
No tendrás miedo de la calle oscura,
ni habrá sobre la tierra
guarida tenebrosa
donde no pueda entrar la primavera.

Flor, no te culpo, estoy seguro de esto
que te digo
y para que florezcas donde debes
florecer, en todas las ventanas,
flor,
yo lucho
y canto desde ahora, como canto,
en forma tan sencilla,
para todos,
porque yo distribuyo
las flores de mañana.

Oda a la flor azul

Caminando hacia el mar
en la pradera
—es hoy noviembre—,
todo ha nacido ya,
todo tiene estatura,
ondulación, fragancia.
Hierba a hierba
entenderé la tierra,

paso a paso
hasta la línea loca
del océano.
De pronto una ola
de aire agita y ondula
la cebada salvaje:
salta
el vuelo de un pájaro
desde mis pies, el suelo
lleno de hilos de oro,
de pétalos sin nombre,
brilla de pronto como rosa verde,
se enreda con ortigas que revelan
su coral enemigo,
esbeltos tallos, zarzas
estrelladas,
diferencia infinita
de cada vegetal que me saluda
a veces con un rápido
centelleo de espinas
o con la pulsación de su perfume
fresco, fino y amargo.
Andando a las espumas
del Pacífico
con torpe paso por la baja hierba
de la primavera escondida,
parece
que antes de que la tierra se termine
cien metros antes del más grande océano
todo se hizo delirio,
germinación y canto.
Las minúsculas hierbas
se coronaron de oro,
las plantas de la arena
dieron rayos morados
y a cada pequeña hoja de olvido
llegó una dirección de luna o fuego.
Cerca del mar, andando,

en el mes de noviembre,
entre los matorrales que reciben
luz, fuego y sal marinas
hallé una flor azul
nacida en la durísima pradera.
De dónde, de qué fondo
tu rayo azul extraes?
Tu seda temblorosa
debajo de la tierra
se comunica con el mar profundo?
La levanté en mis manos
y la miré como si el mar viviera
en una sola gota,
como si en el combate
de la tierra y las aguas
una flor levantara
un pequeño estandarte
de fuego azul, de paz irresistible,
de indómita pureza.

Oda al fuego

Descabellado fuego,
enérgico,
ciego y lleno de ojos,
deslenguado,
tardío, repentino,
estrella de oro,
ladrón de leña,
callado bandolero,
cocedor de cebollas,
célebre pícaro de las chispitas,
perro rabioso de un millón de dientes,
óyeme,
centro de los hogares,

rosal incorruptible,
destructor de las vidas,
celeste padre del pan y del horno,
progenitor ilustre
de ruedas y herraduras,
polen de los metales,
fundador del acero,
óyeme,
fuego.

Arde tu nombre,
da gusto
decir fuego,
es mejor
que decir piedra
o harina.
Las palabras son muertas
junto a tu rayo amarillo,
junto a tu cola roja,
junto a tus crines de luz amaranto,
son frías las palabras.
Se dice fuego,
fuego, fuego, fuego,
y se enciende
algo en la boca:
es tu fruta que quema,
es tu laurel que arde.

Pero sólo palabra
no eres,
aunque toda palabra
si no tiene
brasa
se desprende y se cae
del árbol del tiempo.
Tú eres
flor,
vuelo,

consumación, abrazo,
inasible substancia,
destrucción y violencia,
sigilo, tempestuosa
ala de muerte y vida,
creación y ceniza,
centella deslumbrante,
espada llena de ojos,
poderío,
otoño, estío súbito,
trueno seco de pólvora,
derrumbe de los montes,
río de humo,
oscuridad, silencio.

Dónde estás, qué te hiciste?
Sólo el polvo impalpable
recuerda tus hogueras,
y en las manos la huella
de flor o quemadura.
Al fin te encuentro
en mi papel vacío,
y me obligo a cantarte,
fuego,
ahora
frente a mí,
tranquilo
quédate mientras busco
la lira en los rincones,
o la cámara
con relámpagos negros
para fotografiarte.

Al fin estás
conmigo
no para destruirme,
ni para usarte
en encender la pipa,

sino para tocarte,
alisarte
la cabellera, todos
tus hilos peligrosos,
pulirte un poco, herirte,
para que conmigo
te atrevas,
toro escarlata.
Atrévete,
quémame
ahora,
entra
en mi canto,
sube
por mis venas,
sal
por mi boca.

Ahora
sabes
que no puedes
conmigo:
yo te convierto en canto,
yo te subo y te bajo,
te aprisiono en mis sílabas,
te encadeno, te pongo
a silbar,
a derramarte en trinos,
como si fueras
un canario enjaulado.

No me vengas
con tu famosa túnica
de ave de los infiernos.
Aquí
estás condenado
a vida y muerte.
Si me callo

te apagas.
Si canto
te derramas
y me darás la luz que necesito.

De todos
mis amigos,
de todos
mis enemigos,
eres
el difícil.
Todos
te llevan amarrado,
demonio de bolsillo,
huracán escondido
en cajas y decretos.
Yo no.
Yo te llevo a mi lado
y te digo:
es hora
de que me muestres
lo que sabes hacer.
Ábrete, suéltate
el pelo
enmarañado,
sube y quema
las alturas del cielo.

Muéstrame
tu cuerpo
verde y anaranjado,
levanta
tus banderas,
arde
encima del mundo
o junto a mí, sereno
como un pobre topacio,
mírame y duerme.

Sube las escaleras
con tu pie numeroso.
Acéchame,
vive,
para dejarte escrito,
para que cantes
con mis palabras
a tu manera,
ardiendo.

Oda a Guatemala

Guatemala,
hoy
te
canto.

Sin razón,
sin objeto,
esta mañana
amaneció
tu nombre
enredado
a mi boca,
verde rocío,
frescura matutina,
recordé
las lianas
que atan
con su cordel silvestre
el tesoro sagrado
de tu selva.

Recordé en las alturas
los cauces invisibles

de tus aguas,
sonora
turbulencia secreta,
corolas amarradas
al follaje,
un ave
como súbito zafiro,
el cielo desbordado,
lleno como una copa
de paz y transparencia.
Arriba
un lago
con un nombre de piedra.
Amatitlán se llama.
Aguas, aguas del cielo
lo llenaron,
aguas, aguas de estrellas
se juntaron
en la profundidad aterradora
de su esmeralda oscura.
En sus márgenes
las tribus
del Mayab
sobreviven.

Tiernos, tiernos
idólatras
de la miel, secretarios
de los astros,
vencidos
vencedores
del más antiguo enigma.

Hermoso es ver
el vestido esplendor
de sus aldeas,
ellos se atrevieron
a continuar llevando

resplandecientes túnicas,
bordados amarillos,
calzones escarlatas,
colores
de la aurora.
Antaño
los soldados
de Castilla enlutada
sepultaron América,
y el hombre
americano
hasta ahora
se pone la levita
del notario extremeño,
la sotana
de Loyola.
España
inquisitiva,
purgatoria,
enfundó los sonidos
y colores,
las estirpes de América,
el polen, la alegría,
y nos dejó su traje
de salmantino luto,
su armadura
de trapo inexorable.

El color sumergido
sólo en ti sobrevive,
sobreviven, radiosos,
los plumajes,
sobrevive
tu frescura de cántaro,
profunda
Guatemala,
no te enterró la ola
sucesiva

de la muerte,
las invasoras alas
extranjeras,
los paños funerarios
no lograron
ahogar tu corola
de flor resplandeciente.

Yo vi en Quetzaltenango
la muchedumbre
fértil
del mercado,
los cestos
con el amor trenzados,
con antiguos
dolores,
las telas
de color turbulento,
raza roja,
cabezas de vasija,
perfiles
de metálica azucena,
graves miradas, blancas
sonrisas como vuelos
de garzas en el río,
pies de color de cobre,
gentes
de la tierra,
indios
dignos como
monarcas de baraja.

Tanto
humo cayó
sobre sus rostros, tanto
silencio
que no hablaron
sino con el maíz, con el tabaco,

con el agua,
estuvieron
amenazados por la tiranía
hasta en sus erizados territorios,
o en la costa
por invasores norteamericanos
que arrasaron la tierra,
llevándose los frutos.

Y ahora
Arévalo elevaba
un puñado de tierra
para ellos,
sólo un puñado
de polvo germinal, y es eso,
sólo eso, Guatemala,
un minúsculo
y fragante
fragmento de la tierra,
unas cuantas semillas
para sus pobres gentes,
un arado
para los campesinos.
Y por eso
cuando Arbenz
decidió la justicia,
y con la tierra repartió fusiles,
cuando los
cafeteros
feudales
y los aventureros de Chicago
encontraron
en la casa de gobierno
no un títere despótico,
sino un hombre,
entonces
fue la furia,
se llenaron

los periódicos
de comunicados:
ardía Guatemala.

Guatemala no ardía.
Arriba el lago
Amatitlán, quieto como mirada
de los siglos,
hacia el sol y la luna relucía,
el río Dulce
acarreaba
sus aguas primordiales,
sus peces y sus pájaros,
su selva,
su latido
desde el aroma original de América,
los pinos en la altura
murmuraban,
y el pueblo simple
como arena o harina
pudo, por vez primera,
cara a cara
conocer la esperanza.

Guatemala,
hoy te canto,
hoy a las desventuras del pasado
y a tu esperanza canto.
A tu belleza canto.
Pero quiero
que mi amor te defienda.
Yo conozco
a los que te preparan una tumba
como la que cavaron a Sandino.
Los conozco. No esperes
piedad de los verdugos.
Hoy se preparan
matando pescadores,
asesinando peces de las islas.

Son implacables. Pero
tú, Guatemala, eres
un puño y un puñado
de polvo americano con semillas,
un pequeño puñado
de esperanza.
Defiéndelo, defiéndenos,
nosotros
hoy sólo con mi canto,
mañana con mi pueblo y con mi canto
acudiremos
a decirte «aquí estamos»,
pequeña hermana,
corazón caluroso,
aquí estamos dispuestos
a desangrarnos para
defenderte,
porque en la hora oscura
tú fuiste
el honor, el orgullo,
la dignidad de América.

Oda al hilo

Éste es el hilo
de la poesía.
Los hechos como ovejas
van cargados
de lana
negra
o blanca.
Llámalos y vendrán
prodigiosos rebaños,
héroes y minerales,
la rosa del amor,

la voz del fuego,
todo vendrá a tu lado.
Tienes a tu merced
una montaña,
si te pones
a cruzarla a caballo
te crecerá la barba,
dormirás en el suelo,
tendrás hambre
y en la montaña todo
será sombra.
No lo puedes hacer,
tienes que hilarla,
levanta un hilo,
súbelo:
interminable y puro
de tantos sitios sale,
de la nieve,
del hombre,
es duro porque todos
los metales lo hicieron,
es frágil porque el humo
lo dibujó temblando,
así es el hilo
de la poesía.
No tienes
que enredarlo de nuevo,
volverlo a confundir
con el tiempo y la tierra.
Al contrario,
es tu cuerda,
colócalo en tu cítara
y hablará con la boca
de los montes sonoros,
trénzalo
y será enredadera
de navío,
desarróllalo,

cárgalo de mensajes,
electrízalo,
entrégalo
al viento, a la intemperie,
que de nuevo, ordenado,
en una larga línea
envuelva al mundo,
o bien, enhébralo,
fino, fino,
sin descuidar el manto
de las hadas.

Necesitamos mantas
para todo el invierno.
Ahí vienen
los campesinos,
traen
para el poeta
una gallina, sólo
una pobre gallina.
Qué vas a darles tú,
qué vas a darles?
Ahora,
ahora,
el hilo,
el hilo
que se irá haciendo ropa
para los que no tienen
sino harapos,
redes
para los pescadores,
camisas
de color
escarlata
para los fogoneros
y una bandera
para todos.
Entre los hombres,

entre sus dolores
pesados como piedras,
entre sus victorias
aladas como abejas,
allí está el hilo
en medio
de lo que está pasando
y lo que viene,
abajo
entre carbones,
arriba
en la miseria,
con los hombres,
contigo,
con tu pueblo,
el hilo,
el hilo
de la poesía.
No se trata
de consideraciones:
son órdenes,
te ordeno,
con la cítara al brazo,
acompáñame.
Hay muchos
oídos esperando,
hay
un terrible
corazón enterrado,
es nuestra
familia, nuestro pueblo.
Al hilo!
Al hilo!
A sacarlo
de la montaña oscura!
A transmitir relámpagos!
A escribir la bandera!
Así es el hilo

de la poesía,
simple, sagrado, eléctrico,
fragante y necesario
y no termina en nuestras pobres manos:
lo revive la luz de cada día.

Oda al hombre sencillo

Voy a contarte en secreto
quién soy yo,
así, en voz alta,
me dirás quién eres,
quiero saber quién eres,
cuánto ganas,
en qué taller trabajas,
en qué mina,
en qué farmacia,
tengo una obligación terrible
y es saberlo,
saberlo todo,
día y noche saber
cómo te llamas,
ése es mi oficio,
conocer una vida
no es bastante
ni conocer todas las vidas
es necesario,
verás,
hay que desentrañar,
rascar a fondo
y como en una tela
las líneas ocultaron,
con el color, la trama
del tejido,
yo borro los colores

y busco hasta encontrar
el tejido profundo,
así también encuentro
la unidad de los hombres,
y en el pan
busco
más allá de la forma:
me gusta el pan, lo muerdo,
y entonces
veo el trigo,
los trigales tempranos,
la verde forma de la primavera,
las raíces, el agua,
por eso
más allá del pan,
veo la tierra,
la unidad de la tierra,
el agua,
el hombre,
y así todo lo pruebo
buscándote
en todo,
ando, nado, navego
hasta encontrarte,
y entonces te pregunto
cómo te llamas,
calle y número,
para que tú recibas
mis cartas,
para que yo te diga
quién soy y cuánto gano,
dónde vivo,
y cómo era mi padre.
Ves tú qué simple soy,
qué simple eres,
no se trata
de nada complicado,
yo trabajo contigo,

tú vives, vas y vienes
de un lado a otro,
es muy sencillo:
eres la vida,
eres tan transparente
como el agua,
y así soy yo,
mi obligación es ésa:
ser transparente,
cada día
me educo,
cada día me peino
pensando como piensas,
y ando
como tú andas,
como, como tú comes,
tengo en mis brazos a mi amor
como a tu novia tú,
y entonces
cuando esto está probado,
cuando somos iguales
escribo,
escribo con tu vida y con la mía,
con tu amor y los míos,
con todos tus dolores
y entonces
ya somos diferentes
porque, mi mano en tu hombro,
como viejos amigos
te digo en las orejas:
no sufras,
ya llega el día,
ven,
ven conmigo,
ven
con todos
los que a ti se parecen,
los más sencillos,

ven,
no sufras,
ven conmigo,
porque aunque no lo sepas,
eso yo sí lo sé:
yo sé hacia dónde vamos,
y es ésta la palabra:
no sufras
porque ganaremos,
ganaremos nosotros,
los más sencillos,
ganaremos,
aunque tú no lo creas,
ganaremos.

Oda a la intranquilidad

Madre intranquilidad, bebí en tus senos
electrizada leche,
acción severa!
No me enseñó la luna
el movimiento.
Es la intranquilidad la que sostiene
el estático vuelo
de la nave,
la sacudida del motor decide
la suavidad del ala
y la miel dormiría en la corola
sin la inquietud insigne de la abeja.
Yo no quiero escaparme
a soledad ninguna.
Yo no quiero
que mis palabras aten a los hombres.
Yo no quiero
mar sin marea, poesía

sin hombre,
pintura
deshabitada, música
sin viento!
Intranquila es la noche
y su hermosura,
todo palpita bajo
sus banderas
y el sol
es encendido movimiento,
ráfaga de alegría!
Se pudren en la charca
las estrellas,
y canta en la cascada
la pureza!
La razón intranquila
inauguró los mares,
y del desorden hizo
nacer el edificio.
No es inmutable
la ciudad, ni tu vida
adquirió la materia de la muerte.
Viajero, ven conmigo.
Daremos
magnitud a los dones de la tierra.
Cambiaremos la espiga.
Llevaremos la luz al más remoto
corazón castigado.
Yo creo
que bajo la intranquila primavera
la claridad
del fruto
se consume,
se extiende
el desarrollo del aroma,
combate el movimiento con la muerte.
Y así llega a tu boca la dulzura
de los frutos gloriosos,

la victoria
de la luz intranquila
que levanta los labios de la tierra.

Oda al invierno

Invierno, hay algo
entre nosotros,
cerros bajo la lluvia,
galopes
en el viento,
ventanas
donde se acumuló tu vestidura,
tu camisa de fierro,
tu pantalón mojado,
tu cinturón de cuero transparente.
Invierno,
para otros
eres bruma
en los malecones,
clámide clamorosa,
rosa blanca,
corola de la nieve,
para mí, invierno,
eres
un caballo,
niebla te sube del hocico,
gotas de lluvia caen
de tu cola,
electrizadas ráfagas
son tus crines,
galopas
interminablemente
salpicando de lodo
al transeúnte,

miramos
y has pasado,
no te vemos la cara,
no sabemos
si son de agua de mar
o cordillera
tus ojos, has pasado
como la cabellera
de un relámpago,
no quedó indemne un árbol,
las hojas
se reunieron
en la tierra,
los nidos
quedaron como harapos
en la altura,
mientras tú galopabas
en la luz moribunda del planeta.

Pero eres frío, invierno;
y tus racimos
de nieve negra y agua
en el tejado
atraviesan
las casas
como agujas,
hieren
como cuchillos oxidados.
Nada
te detiene.
Comienzan
los ataques de tos, salen los niños
con zapatos mojados,
en las camas la fiebre
es como
la vela de un navío
navegando a la muerte,
la ciudad de los pobres

que se quema,
la mina
resbalosa,
el combate del viento.

Desde entonces,
invierno, yo conozco
tu agujereada ropa
y el silbato
de tu bocina entre las araucarias
cuando clamas
y lloras,
racha en la lluvia loca,
trueno desenrollado
o corazón de nieve.

El hombre
se agigantó en la arena,
se cubrió de intemperie,
la sal y el sol vistieron
con seda salpicada
el cuerpo de la nueva nadadora.
Pero
cuando viene el invierno
el hombre
se hace un pequeño ovillo
que camina
con mortuorio paraguas,
se cubre
de alas impermeables,
se humedece
y se ablanda
como una miga, acude
a las iglesias,
o lee tonterías enlutadas.
Mientras tanto,
arriba,
entre los robles,

en la cabeza de los ventisqueros,
en la costa,
tú reinas
con tu espada,
con tu violín helado,
con las plumas que caen
de tu pecho indomable.

Algún día
nos reconoceremos,
cuando
la magnitud
de tu belleza
no caiga
sobre el hombre,
cuando
ya no perfores
el techo
de mi hermano,
cuando
pueda acudir a la más alta
blancura de tu espacio
sin que puedas morderme,
pasaré saludando
tu monarquía desencadenada.
Me sacaré el sombrero
bajo la misma lluvia
de mi infancia
porque estaré seguro
de tus aguas:
ellas lavan el mundo,
se llevan los papeles,
trituran la pequeña
suciedad de los días,
lavan,
lavan tus aguas
el rostro de la tierra
y bajan hasta el fondo

donde
la primavera
duerme.
Tú la estremeces, hieres
sus piernas transparentes,
la despiertas, la mojas,
comienza a trabajar,
barre las hojas muertas,
reúne su fragante
mercancía,
sube las escaleras
de los árboles
y de pronto la vemos
en la altura
con su nuevo vestido
y sus antiguos ojos
verdes.

Oda al laboratorista

Hay un hombre
escondido,
mira
con un solo ojo
de cíclope eficiente,
son minúsculas cosas,
sangre,
gotas de agua,
mira
y escribe o cuenta,
allí en la gota
circula el universo,
la vía láctea tiembla
como un pequeño río,
mira

el hombre
y anota,
en la sangre
mínimos puntos rojos,
movedizos
planetas
o invasiones
de fabulosos regimientos blancos,
el hombre
con su ojo
anota,
escribe
allí encerrado
el volcán de la vida,
la esperma
con su titilación de firmamento,
cómo aparece
el rápido tesoro
tembloroso,
las semillitas de hombre,
luego
en su círculo pálido
una gota
de orina
muestra países de ámbar
o en tu carne
montañas de amatista,
temblorosas praderas,
constelaciones verdes,
pero
él anota, escribe,
descubre
una amenaza,
un punto
dividido,
un nimbo negro,
lo identifica, encuentra
su prontuario,

ya no puede escaparse,
pronto
en tu cuerpo será la cacería,
la batalla
que comenzó en el ojo
del laboratorista:
será de noche, junto
a la madre la muerte,
junto al niño las alas
del invisible espanto,
la batalla en la herida,
todo
comenzó
con el hombre
y su ojo
que buscaba
en el cielo
de la sangre
una estrella maligna.
Allí con blusa blanca
sigue
buscando
el signo,
el número,
el color
de la muerte
o la vida,
descifrando
la textura
del dolor, descubriendo
la insignia de la fiebre
o el primer síntoma
del crecimiento humano.
Luego
el descubridor
desconocido,
el hombre
que viajó por tus venas

o denunció
un viajero enmascarado
en el sur o en el norte
de tus vísceras,
el temible
hombre con ojo
descuelga su sombrero,
se lo pone,
enciende un cigarrillo
y entra en la calle,
se mueve, se desprende,
se reparte en las calles,
se agrega a la espesura de los hombres,
por fin desaparece
como el dragón
el diminuto y circulante monstruo
que se quedó olvidado en una gota
en el laboratorio.

Oda a Leningrado

Suave tu piedra pura,
ancho tu cielo blanco,
hermosa
rosa gris, espaciosa
Leningrado,
con qué tranquilidad
puse en tu antigua tierra
mis zapatos,
de otra tierra
venían,
de la virgen América,
mis pies habían pisado
lodo de manantiales
en la altura,

fragancias indecibles
en la gran cordillera
de mi patria,
habían
tocado mis zapatos
otra nieve,
las ráfagas
de los Andes hirsutos
y ahora,
Leningrado,
tu nieve,
tu ilustre
sombra blanca,
el río con sus gradas sumergiéndose
en la corriente blanca,
la luz como una rama de durazno
dándote su blancura,
oh nave,
nave blanca,
navegando en invierno,
cuántas cosas
vivieron,
se movieron
conmigo
cuando entre tus cordajes
y tus velas de piedra
anduve,
cuando pisé las calles
que conocí en los libros,
me saturó la esencia
de la niebla y los mares,
el joven Pushkin
me tomó de la mano
con su mano enguantada
y en las solemnes edificaciones
del pasado,
en las colmenas
de la nueva vida,

entró mi corazón
americano
latiendo con respeto
y alegría,
escuchando los ecos
de mis pasos
como si despertaran
existencias
que dormían envueltas en la nieve
y de pronto vinieran
a caminar conmigo
pisando fuertemente en el silencio
como sobre las tablas de un navío.

Cuántas
antiguas noches,
allá lejos:
mi libro,
la lluvia
desde el cielo de la isla,
en Chiloé marino,
y ahora
la misma
sombra blanca
acompañándome,
Netochka Nezvanova,
la Perspectiva Nevsky,
ancha, durmiendo,
un coro ahogado
y un violín perdido.
Antiguo tiempo, antiguo
dolor blanco,
terribles seres de otra
ciudad, que aquí vivían,
tormentos desangrados,
pálida
rosa
de neblina y nieve,

Netochka Nezvanova,
un insensato
movimiento
en la niebla,
en la nieve,
entrecortados
sufrimientos,
las vidas
como pozos,
el alma,
el alma,
ciénaga
de peces ciegos,
el alma,
lago
de alcoholes dormidos,
de pronto
enloquecidas
ventanas
delirando
en la noche,
sonatas
de una sola cuerda
enroscándose
a la cola
del diablo,
crímenes
largamente contados
y contados.
Honor al alba fría!
Cambió el mundo!
Es de noche,
clara
soledad nocturna,
mañana
el día
se poblará de cantos
y rostros encendidos,

de seres
que navegan
en la nave
de la nueva
alegría,
de manos que golpean
los ardientes talleres,
de blusas que acrecientan
la luz blanca,
de asuntos compartidos
como los panes de oro
por escuelas unánimes,
es eso,
ahora
los seres solitarios
de los libros
vienen a acompañarme
pero
la soledad no viene,
no existe,
arden
en la corola
de la vida,
viven
la organizada
dignidad
del trabajo,
la antigua angustia
separó sus hojas
como un árbol que el viento
inclinó, rechazando
la tormenta,
ahora
el caballo de bronce,
el caballero,
no están a punto de emprender el viaje,
regresaron,
el Neva no se va,

viene llegando
con noticias de oro,
con sílabas de plata.
Se fueron
los antiguos
personajes
enfundados
en niebla,
provistos de elevados
sombreros de humo,
las mujeres
talladas en la nieve
llorando en un pañuelo
sobre el río,
emigraron,
cayeron de los libros
y corrieron
los estudiantes locos
que esperaban
con un hacha en la mano
a la puerta
de una anciana,
aquel mundo
de frenéticos popes
y carcajadas muertas en la copa,
trineos
que raptaban la inocencia,
sangre y lobos oscuros en la nieve,
todo aquello
se cayó de los libros,
se fugó de la vida
como un maligno sueño,
ahora
las cúpulas deslizan
el anillo
de la luna creciente,
y otra vez una noche
clarísima

navega
junto con la ciudad,
subieron
las dos pesadas anclas
a los portones del Almirantazgo,
navega Leningrado,
aquellas sombras
se dispersaron, frías,
asustadas,
cuando en la escalinata
del Palacio de Invierno,
subió la Historia
con los pies del pueblo.
Más tarde a la ciudad
llegó la guerra,
la guerra con sus dientes
desmoronando
la belleza antigua,
glotona,
comiéndose una torta
de piedra gris y nieve
y sangre,
la guerra
silbando entre los muros,
llevándose a los hombres,
acechando a los hijos,
la guerra
con su saco vacío
y su tambor terrible,
la guerra
con los vidrios quebrados
y la muerte
en la cama,
rígida bajo el frío.
Y el valor alto,
más alto que un abeto,
redondo
como las graves cúpulas,

erguido
como
las serenas columnas,
la resistencia
grave
como la simetría
de la piedra,
el coraje
como una llama viva
en medio
de la nieve
fue
una hoguera
indomable,
en Leningrado
el corazón
soviético.
Y hoy todo vive
y duerme,
la noche
de Leningrado cubre
no sólo
los palacios,
las verjas enrejadas,
las cornisas platónicas,
el esplendor antiguo,
no sólo
los motores
y las innumerables
casas frescas,
la vida
justa y ancha,
la construcción del mundo,
la noche, sombra clara
se unió a la antigua noche,
como el día,
como el olor del agua,
Pedro el Gigante y Lenin

el Gigante
se hicieron
unidad,
el tiempo
hizo una rosa,
una torre invencible.
Huele
a fuego
enterrado,
a flor inquebrantable,
circula por las calles
viva sangre sin tiempo,
lo que fue
y lo que viene
se unieron
en la rosa espaciosa,
y navega
la nave,
perfuma
la torre gris del Norte,
ancha y celeste, firme
en su reino de nieve,
poblada no por sombras
sino por la grandeza
de su sangre,
coronada
por el rumor marino
de su Historia,
brillando con orgullo, preparada
con toda su belleza
como un salón ilustre
para las reuniones de su pueblo.

Oda al libro (I)

Libro, cuando te cierro
abro la vida.
Escucho
entrecortados gritos
en los puertos.
Los lingotes del cobre
cruzan los arenales,
bajan a Tocopilla.
Es de noche.
Entre las islas
nuestro océano
palpita con sus peces.
Toca los pies, los muslos,
las costillas calcáreas
de mi patria.
Toda la noche pega en sus orillas
y con la luz del día
amanece cantando
como si despertara una guitarra.

A mí me llama el golpe
del océano. A mí
me llama el viento,
y Rodríguez me llama,
José Antonio,
recibí un telegrama
del sindicato «Mina»
y ella, la que yo amo
(no les diré su nombre),
me espera en Bucalemu.

Libro, tú no has podido
empapelarme,

no me llenaste
de tipografía,
de impresiones celestes,
no pudiste
encuadernar mis ojos,
salgo de ti a poblar las arboledas
con la ronca familia de mi canto,
a trabajar metales encendidos
o a comer carne asada
junto al fuego en los montes.
Amo los libros
exploradores,
libros con bosque o nieve,
profundidad o cielo,
pero
odio
el libro araña
en donde el pensamiento
fue disponiendo alambre venenoso
para que allí se enrede
la juvenil y circundante mosca.
Libro, déjame libre.
Yo no quiero ir vestido
de volumen,
yo no vengo de un tomo,
mis poemas
no han comido poemas,
devoran
apasionados acontecimientos,
se nutren de intemperie,
extraen alimento
de la tierra y los hombres.
Libro, déjame andar por los caminos
con polvo en los zapatos
y sin mitología:
vuelve a tu biblioteca,
yo me voy por las calles.

He aprendido la vida
de la vida,
el amor lo aprendí de un solo beso,
y no pude enseñar a nadie nada
sino lo que he vivido,
cuanto tuve en común con otros hombres,
cuanto luché con ellos:
cuanto expresé de todos en mi canto.

Oda al libro (II)

Libro
hermoso,
libro,
mínimo bosque,
hoja
tras hoja,
huele
tu papel
a elemento,
eres
matutino y nocturno,
cereal,
oceánico,
en tus antiguas páginas
cazadores de osos,
fogatas
cerca del Mississipi,
canoas
en las islas,
más tarde
caminos
y caminos,
revelaciones,
pueblos

insurgentes,
Rimbaud como un herido
pez sangriento
palpitando en el lodo,
y la hermosura
de la fraternidad,
piedra por piedra
sube el castillo humano,
dolores que entretejen
la firmeza,
acciones solidarias,
libro
oculto
de bolsillo
en bolsillo,
lámpara
clandestina,
estrella roja.

Nosotros
los poetas
caminantes
exploramos
el mundo,
en cada puerta
nos recibió la vida,
participamos
en la lucha terrestre.
Cuál fue nuestra victoria?
Un libro,
un libro lleno
de contactos humanos,
de camisas,
un libro
sin soledad, con hombres
y herramientas,
un libro
es la victoria.

Vive y cae
como todos los frutos,
no sólo tiene luz,
no sólo tiene
sombra,
se apaga,
se deshoja,
se pierde
entre las calles,
se desploma en la tierra.
Libro de poesía
de mañana,
otra vez
vuelve
a tener nieve o musgo
en tus páginas
para que las pisadas
o los ojos
vayan grabando
huellas:
de nuevo
descríbenos el mundo,
los manantiales
entre la espesura,
las altas arboledas,
los planetas
polares,
y el hombre
en los caminos,
en los nuevos caminos,
avanzando
en la selva,
en el agua,
en el cielo,
en la desnuda soledad marina,
el hombre
descubriendo
los últimos secretos,

el hombre
regresando
con un libro,
el cazador de vuelta
con un libro,
el campesino
arando
con un libro.

Oda a la lluvia

Volvió la lluvia.
No volvió del cielo
o del oeste.
Ha vuelto de mi infancia.
Se abrió la noche, un trueno
la conmovió, el sonido
barrió las soledades,
y entonces,
llegó la lluvia,
regresó la lluvia
de mi infancia,
primero
en una ráfaga
colérica,
luego
como la cola
mojada
de un planeta,
la lluvia
tic tac mil veces tic
tac mil
veces un trineo,
un espacioso golpe
de pétalos oscuros

en la noche,
de pronto
intensa
acribillando
con agujas
el follaje,
otras veces
un manto
tempestuoso
cayendo
en el silencio,
la lluvia,
mar de arriba,
rosa fresca,
desnuda,
voz del cielo,
violín negro,
hermosura,
desde niño
te amo,
no porque seas buena,
sino por tu belleza.
Caminé
con los zapatos rotos
mientras los hilos
del cielo desbocado
se destrenzaban sobre
mi cabeza,
me traían
a mí y a las raíces
las comunicaciones
de la altura,
el oxígeno húmedo,
la libertad del bosque.
Conozco
tus desmanes,
el agujero
en el tejado

cayendo
su gotario
en las habitaciones
de los pobres:
allí desenmascaras
tu belleza,
eres hostil
como una
celestial
armadura,
como un puñal de vidrio,
transparente,
allí
te conocí de veras.
Sin embargo,
enamorado
tuyo
seguí
siendo,
en la noche
cerrando la mirada
esperé que cayeras
sobre el mundo,
esperé que cantaras
sólo para mi oído,
porque mi corazón guardaba toda
germinación terrestre
y en él se precipitan los metales
y se levanta el trigo.
Amarte, sin embargo
me dejó en la boca
gusto amargo,
sabor amargo de remordimiento.
Anoche solamente
aquí en Santiago
las poblaciones
de la Nueva Legua
se desmoronaron,

las viviendas
callampas,
hacinados
fragmentos de ignominia,
al peso de tu paso
se cayeron,
los niños
lloraban en el barro
y allí días y días
en las camas mojadas,
sillas rotas,
las mujeres,
el fuego, las cocinas,
mientras tú, lluvia negra,
enemiga,
continuabas cayendo
sobre nuestras desgracias.
Yo creo
que algún día,
que inscribiremos en el calendario,
tendrán techo seguro,
techo firme,
los hombres en su sueño,
todos
los dormidos,
y cuando en la noche
la lluvia
regrese
de mi infancia
cantará en los oídos
de otros niños
y alegre
será el canto
de la lluvia en el mundo,
también trabajadora,
proletaria,
ocupadísima
fertilizando montes

y praderas,
dando fuerza a los ríos,
engalanando
el desmayado arroyo
perdido en la montaña,
trabajando
en el hielo
de los huracanados
ventisqueros,
corriendo sobre el lomo
de la ganadería,
dando valor al germen
primaveral del trigo,
lavando las almendras
escondidas,
trabajando
con fuerza
y con delicadeza fugitiva,
con manos y con hilos
en las preparaciones de la tierra.

Lluvia
de ayer,
oh triste
lluvia
de Loncoche y Temuco,
canta,
canta,
canta sobre los techos
y las hojas,
canta en el viento frío,
canta en mi corazón, en mi confianza,
en mi techo, en mis venas,
en mi vida,
ya no te tengo miedo,
resbala
hacia la tierra
cantando con tu canto

y con mi canto,
porque los dos tenemos
trabajo en las semillas
y compartimos
el deber cantando.

Oda a la madera

Ay, de cuanto conozco
y reconozco
entre todas las cosas
es la madera
mi mejor amiga.
Yo llevo por el mundo
en mi cuerpo, en mi ropa,
aroma
de aserradero,
olor de tabla roja.
Mi pecho, mis sentidos
se impregnaron
en mi infancia
de árboles que caían
de grandes bosques llenos
de construcción futura.
Yo escuché cuando azotan
el gigantesco
alerce,
el laurel alto de cuarenta metros.
El hacha y la cintura
del hachero minúsculo
de pronto picotean
su columna arrogante,
el hombre vence y cae
la columna de aroma,
tiembla la tierra, un trueno

sordo, un sollozo negro
de raíces, y entonces
una ola
de olores forestales
inundó mis sentidos.
Fue en mi infancia, fue sobre
la húmeda tierra, lejos
en las selvas del Sur,
en los fragantes, verdes
archipiélagos,
conmigo
fueron naciendo vigas,
durmientes
espesos como el hierro,
tablas
delgadas y sonoras.
La sierra rechinaba
cantando
sus amores de acero,
aullaba el hilo agudo,
el lamento metálico
de la sierra cortando
el pan del bosque
como madre en el parto,
y daba a luz en medio
de la luz
y la selva
desgarrando la entraña
de la naturaleza,
pariendo
castillos de madera,
viviendas para el hombre,
escuelas, ataúdes,
mesas y mangos de hacha.
Todo
allí en el bosque
dormía bajo las hojas mojadas
cuando

un hombre
comienza
torciendo la cintura
y levantando el hacha
a picotear la pura
solemnidad del árbol
y éste
cae,
trueno y fragancia caen
para que nazca de ellos
la construcción, la forma,
el edificio,
de las manos del hombre.
Te conozco, te amo,
te vi nacer, madera.
Por eso
si te toco
me respondes
como un cuerpo querido,
me muestras
tus ojos y tus fibras,
tus nudos, tus lunares,
tus vetas
como inmóviles ríos.
Yo sé
lo que ellos
cantaron
con la voz del viento,
escucho
la noche tempestuosa,
el galope
del caballo en la selva,
te toco y te abres
como una rosa seca
que sólo para mí resucitara
dándome
el aroma y el fuego
que parecían muertos.

Debajo
de la pintura sórdida
adivino tus poros,
ahogada me llamas
y te escucho,
siento
sacudirse
los árboles
que asombraron mi infancia,
veo
salir de ti,
como un vuelo de océano
y palomas,
las alas de los libros,
el papel
de mañana
para el hombre,
el papel puro para el hombre puro
que existirá mañana
y que hoy está naciendo
con un ruido de sierra,
con un desgarramiento
de luz, sonido y sangre.
Es el aserradero
del tiempo,
cae
la selva oscura, oscuro
nace
el hombre,
caen las hojas negras
y nos oprime el trueno,
hablan al mismo tiempo
la muerte y la vida,
como un violín se eleva
el canto o el lamento
de la sierra en el bosque,
y así nace y comienza
a recorrer el mundo

la madera,
hasta ser constructora silenciosa
cortada y perforada por el hierro,
hasta sufrir y proteger
construyendo
la vivienda
en donde cada día
se encontrarán el hombre, la mujer
y la vida.

Oda a la malvenida

Planta de mi país, rosa de tierra,
estrella trepadora,
zarza negra,
pétalo de la luna en el océano
que amé con sus desgracias y sus olas,
con sus puñales y sus callejones,
amapola
erizada,
clavel de nácar negro,
por qué
cuando mi copa
desbordó y cuando
mi corazón cambió de luto a fuego,
cuando no tuve para ti, para ofrecerte,
lo que toda la vida te esperaba,
entonces
tú llegaste,
cuando letras quemantes
van ardiendo en mi frente,
por qué la línea pura
de tu nupcial contorno
llegó como un anillo
rodando por la tierra?

No debías
de todas y de todas
llegar a mi ventana
como un jazmín tardío.
No eras, oh llama oscura,
la que debió tocarme
y subir con mi sangre
hasta mi boca.
Ahora
qué puedo contestarte?
Consúmete,
no esperes,
no hay espera
para tus labios de piedra nocturna.
Consúmete,
tú en tu llama,
yo en mi fuego,
y ámame
por el amor que no pudo esperarte,
ámame en lo que tú y yo
tenemos de piedra o de planta:
seguiremos viviendo
de lo que no nos dimos:
del hombro en que no pudo reclinarse una rosa,
de una flor que su propia quemadura ilumina.

Oda al mar

Aquí en la isla
el mar
y cuánto mar
se sale de sí mismo
a cada rato,
dice que sí, que no,
que no, que no, que no,

dice que sí, en azul,
en espuma, en galope,
dice que no, que no.
No puede estarse quieto,
me llamo mar, repite
pegando en una piedra
sin lograr convencerla,
entonces
con siete lenguas verdes
de siete perros verdes,
de siete tigres verdes,
de siete mares verdes,
la recorre, la besa,
la humedece
y se golpea el pecho
repitiendo su nombre.
Oh mar, así te llamas,
oh camarada océano,
no pierdas tiempo y agua,
no te sacudas tanto,
ayúdanos,
somos los pequeñitos
pescadores,
los hombres de la orilla,
tenemos frío y hambre,
eres nuestro enemigo,
no golpees tan fuerte,
no grites de ese modo,
abre tu caja verde
y déjanos a todos
en las manos
tu regalo de plata:
el pez de cada día.

Aquí en cada casa
lo queremos
y aunque sea de plata,
de cristal o de luna,

nació para las pobres
cocinas de la tierra.
No lo guardes,
avaro,
corriendo frío como
relámpago mojado
debajo de tus olas.
Ven, ahora,
ábrete
y déjalo
cerca de nuestras manos,
ayúdanos, océano,
padre verde y profundo,
a terminar un día
la pobreza terrestre.
Déjanos
cosechar la infinita
plantación de tus vidas,
tus trigos y tus uvas,
tus bueyes, tus metales,
el esplendor mojado
y el fruto sumergido.

Padre mar, ya sabemos
cómo te llamas, todas
las gaviotas reparten
tu nombre en las arenas:
ahora, pórtate bien,
no sacudas tus crines,
no amenaces a nadie,
no rompas contra el cielo
tu bella dentadura,
déjate por un rato
de gloriosas historias,
danos a cada hombre,
a cada
mujer y a cada niño,
un pez grande o pequeño

cada día.
Sal por todas las calles
del mundo
a repartir pescado
y entonces
grita,
grita
para que te oigan todos
los pobres que trabajan
y digan,
asomando a la boca
de la mina:
«Ahí viene el viejo mar
repartiendo pescado».
Y volverán abajo,
a las tinieblas,
sonriendo, y por las calles
y los bosques
sonreirán los hombres
y la tierra
con sonrisa marina.

Pero
si no lo quieres,
si no te da la gana,
espérate,
espéranos,
lo vamos a pensar,
vamos en primer término
a arreglar los asuntos
humanos,
los más grandes primero,
todos los otros después,
y entonces
entraremos en ti,
cortaremos las olas
con cuchillo de fuego,
en un caballo eléctrico

saltaremos la espuma,
cantando
nos hundiremos
hasta tocar el fondo
de tus entrañas,
un hilo atómico
guardará tu cintura,
plantaremos
en tu jardín profundo
plantas
de cemento y acero,
te amarraremos
pies y manos,
los hombres por tu piel
pasearán escupiendo,
sacándote racimos,
construyéndote arneses,
montándote y domándote,
dominándote el alma.
Pero eso será cuando
los hombres
hayamos arreglado
nuestro problema,
el grande,
el gran problema.
Todo lo arreglaremos
poco a poco:
te obligaremos, mar,
te obligaremos, tierra,
a hacer milagros,
porque en nosotros mismos,
en la lucha,
está el pez, está el pan,
está el milagro.

Oda a mirar pájaros

Ahora
a buscar pájaros!
Las altas ramas férreas
en el bosque,
la espesa
fecundidad del suelo,
está mojado
el mundo,
brilla
lluvia o rocío, un astro
diminuto
en las hojas:
fresca
es la matutina
tierra madre,
el aire
es como un río
que sacude
el silencio,
huele a romero,
a espacio
y a raíces.
Arriba
un canto loco,
una cascada,
es un pájaro.
Cómo
de su garganta
más pequeña que un dedo
pueden caer las aguas
de su canto?

Facultad luminosa!
Poderío
invisible,
torrente
de la música
en las hojas,
conversación sagrada!

Limpio, lavado, fresco
es este día,
sonoro
como cítara verde,
yo entierro
los zapatos
en el lodo,
salto los manantiales,
una espina
me muerde y una ráfaga
de aire como una ola
cristalina
se divide en mi pecho.
Dónde
están los pájaros?
Fue tal vez
ese
susurro en el follaje
o esa huidiza bola
de pardo terciopelo
o ese desplazamiento
de perfume? Esa hoja
que desprendió el canelo
fue un pájaro? Ese polvo
de magnolia irritada
o esa fruta
que cayó resonando,
eso fue un vuelo?
Oh pequeños cretinos
invisibles,

pájaros del demonio,
váyanse
al diablo
con su sonajera,
con sus plumas inútiles!
Yo que sólo quería
acariciarlos,
verlos resplandeciendo,
no quiero
en la vitrina
ver los relámpagos embalsamados,
quiero verlos vivientes,
quiero tocar sus guantes
de legítimo cuero,
que nunca olvidan en las ramas,
y conversar con ellos
en los hombros
aunque me dejen como a ciertas estatuas
inmerecidamente blanqueado.

Imposible.
No se tocan,
se oyen
como un celeste
susurro o movimiento,
conversan
con precisión,
repiten
sus observaciones,
se jactan
de cuanto hacen,
comentan
cuanto existe,
dominan
ciertas ciencias
como la hidrografía
y a ciencia cierta saben
dónde están cosechando
cereales.

Ahora bien,
pájaros
invisibles
de la selva, del bosque,
de la enramada pura,
pájaros de la acacia
y de la encina,
pájaros
locos, enamorados,
sorpresivos,
cantantes
vanidosos,
músicos migratorios,
una palabra
última
antes
de volver
con zapatos mojados, espinas
y hojas secas
a mi casa:
vagabundos,
os amo
libres,
lejos de la escopeta y de la jaula,
corolas
fugitivas,
así
os amo,
inasibles,
solidaria y sonora
sociedad de la altura,
hojas
en libertad,
campeones
del aire,
pétalos
del humo,
libres,

alegres
voladores y cantores,
aéreos y terrestres,
navegantes del viento,
felices
constructores
de suavísimos nidos,
incesantes
mensajeros del polen,
casamenteros
de la flor, tíos
de la semilla,
os amo,
ingratos:
vuelvo
feliz de haber vivido con vosotros
un minuto
en el viento.

Oda al murmullo

Versos de amor, de luto,
de cólera o de luna,
me atribuyen:
de los que con trabajos,
manzanas y alegría,
voy haciendo,
dicen que no son míos,
que muestran la influencia
de Pitiney, de Papo,
de Sodostes.
Ay qué vamos a hacerle!
La vida
fue poniendo en mi mano
una paloma

y otra.
Aprendí el vuelo
y enseñé
volando.
Desde el cielo celeste
comprendí los deberes
de la tierra,
vi más grandes los hechos
de los hombres
que el vuelo
encarnizado
de los pájaros.
Amé la tierra, puse
en mi corazón la transparencia
del agua que camina,
formé
de barro y viento la vasija
de mi constante canto,
y entonces
por los pueblos,
las casas,
los puertos
y las minas,
fui conquistando una familia humana,
resistí con los pobres
la pobreza,
viví con mis hermanos.

Entonces
cada ataque de ola negra,
cada
pesado
manotón de la vida
contra mis pobres huesos
fue sonoro sonido de campana,
y me hice campanero,
campanero
de la tierra

y los hombres.
Ahora
soy campanero,
me agarro
con el alma
a los cordeles,
tiembla
la tierra
con mi corazón en el sonido,
subo, recorro montes,
bajo,
reparto
la alarma, la alegría,
la esperanza.
Por qué
cuando
tal vez estoy cansado,
cuando duermo,
cuando salgo a beber con mis amigos
el vino
de las tierras que amo y que defiendo,
por qué
me persigues, desquiciado
con una piedra,
con una
quijada de borrico
quieres amedrentarme,
si nadie
pudo
antes
hacer que me callara?
Tú crees
que poniendo en la calle
una resbaladiza
cáscara de manzana
o tu remota
producción de saliva
puedes

terminar con mi canto de campana
y con mi vocación de campanero?
Es hora
de que nos comprendamos:
acuéstate temprano,
preocúpate
de que paguen tu sastre
tu madre o tu cuñado,
déjame
subir por la escalera a mi campana:
arde el sol en el frío,
aún está caliente
el pan
en los mesones,
es fragante la tierra,
amanece,
y yo con mi campana,
con mi canto,
despierto y te despierto.
Ése es mi oficio
–aunque no quieras–,
despertarte
a ti y a los que duermen,
convencer
al nocturno
de que llegó la luz,
y esto
es tan sencillo
de hacer,
tan agradable como
repartir panes en la vía pública,
que hasta yo puedo hacerlo,
cantando como canto,
sonoro como el agua que camina,
y como un campanero,
inexorable.

Oda a la noche

Detrás
del día,
de cada piedra y árbol,
detrás de cada libro,
noche,
galopas y trabajas,
o reposas,
esperando
hasta que tus raíces recogidas
desarrollan tu flor y tu follaje.
Como
una bandera
te agitas en el cielo
hasta llenar no sólo
los montes y los mares,
sino las más pequeñas cavidades,
los ojos
férreos del campesino fatigado,
el coral negro
de las bocas humanas
entregadas al sueño.
Libre corres
sobre el curso salvaje
de los ríos,
secretas sendas cubres, noche,
profundidad de amores constelados
por los cuerpos desnudos,
crímenes que salpican
con un grito de sombra,
mientras tanto los trenes
corren, los fogoneros
tiran carbón nocturno al fuego rojo,
el atareado empleado de estadística

se ha metido en un bosque
de hojas petrificadas,
el panadero amasa
la blancura.
La noche también duerme
como un caballo ciego.
Llueve
de norte a sur,
sobre los grandes
árboles de mi patria,
sobre los techos
de metal corrugado,
suena
el canto de la noche,
lluvia y oscuridad son los metales
de la espada que canta,
y estrellas o jazmines
vigilan
desde la altura negra,
señales
que poco a poco
con lentitud de siglos
entenderemos.
Noche,
noche mía,
noche de todo el mundo,
tienes algo
dentro de ti, redondo
como un niño
que va a nacer, como una
semilla
que revienta,
es el milagro,
es el día.
Eres más bella
porque alimentas con tu sangre oscura
la amapola que nace,
porque trabajas con ojos cerrados

para que se abran ojos,
para que cante el agua,
para que resuciten
nuestras vidas.

Oda a los números

Qué sed
de saber cuánto!
Qué hambre
de saber
cuántas
estrellas tiene el cielo!

Nos pasamos
la infancia
contando piedras, plantas,
dedos, arenas, dientes,
la juventud contando
pétalos, cabelleras.
Contamos
los colores, los años,
las vidas y los besos,
en el campo
los bueyes, en el mar
las olas. Los navíos
se hicieron cifras que se fecundaban.
Los números parían.
Las ciudades
eran miles, millones,
el trigo centenares
de unidades que adentro
tenían otros números pequeños,
más pequeños que un grano.
El tiempo se hizo número.

La luz fue numerada
y por más que corrió con el sonido
fue su velocidad un 37.
Nos rodearon los números.
Cerrábamos la puerta,
de noche, fatigados,
llegaba un 800,
por debajo,
hasta entrar con nosotros en la cama,
y en el sueño
los 4000 y los 77
picándonos la frente
con sus martillos o sus alicates.
Los 5
agregándose
hasta entrar en el mar o en el delirio,
hasta que el sol saluda con su cero
y nos vamos corriendo
a la oficina,
al taller,
a la fábrica,
a comenzar de nuevo el infinito
número 1 de cada día.

Tuvimos, hombre, tiempo
para que nuestra sed
fuera saciándose,
el ancestral deseo
de enumerar las cosas
y sumarlas,
de reducirlas hasta
hacerlas polvo,
arenales de números.
Fuimos
empapelando el mundo
con números y nombres,
pero
las cosas existían,

se fugaban
del número,
enloquecían en sus cantidades,
se evaporaban
dejando
su olor o su recuerdo
y quedaban los números vacíos.

Por eso,
para ti
quiero las cosas.
Los números
que se vayan a la cárcel,
que se muevan
en columnas cerradas
procreando
hasta darnos la suma
de la totalidad del infinito.
Para ti sólo quiero
que aquellos
números del camino
te defiendan
y que tú los defiendas.
La cifra semanal de tu salario
se desarrolle hasta cubrir tu pecho.
Y del número 2 en que se enlazan
tu cuerpo y el de la mujer amada
salgan los ojos pares de tus hijos
a contar otra vez
las antiguas estrellas
y las innumerables
espigas
que llenarán la tierra transformada.

Oda al otoño

Ay cuánto tiempo
tierra
sin otoño,
cómo
pudo vivirse!
Ah qué opresiva
náyade
la primavera
con sus escandalosos
pezones
mostrándolos en todos
los árboles del mundo,
y luego
el verano,
trigo,
trigo,
intermitentes
grillos,
cigarras,
sudor desenfrenado.
Entonces
el aire
trae por la mañana
un vapor de planeta.
Desde otra estrella
caen gotas de plata.
Se respira
el cambio
de fronteras,
de la humedad al viento,
del viento a las raíces.
Algo sordo, profundo,
trabaja bajo la tierra

almacenando sueños.
La energía se ovilla,
la cinta
de las fecundaciones
enrolla
sus anillos.

Modesto es el otoño
como los leñadores.
Cuesta mucho
sacar todas las hojas
de todos los árboles
de todos los países.
La primavera
las cosió volando
y ahora
hay que dejarlas
caer como si fueran
pájaros amarillos.
No es fácil.
Hace falta tiempo.
Hay que correr por todos
los caminos,
hablar idiomas,
sueco,
portugués,
hablar en lengua roja,
en lengua verde.
Hay que saber
callar en todos
los idiomas
y en todas partes,
siempre
dejar caer,
caer,
dejar caer,
caer,
las hojas.

Difícil
es
ser otoño,
fácil ser primavera.
Encender todo
lo que nació
para ser encendido.
Pero apagar el mundo
deslizándolo
como si fuera un aro
de cosas amarillas,
hasta fundir olores,
luz, raíces,
subir vino a las uvas,
acuñar con paciencia
la irregular moneda
del árbol en la altura
derramándola luego
en desinteresadas
calles desiertas,
es profesión de manos
varoniles.

Por eso,
otoño,
camarada alfarero,
constructor de planetas,
electricista,
preservador de trigo,
te doy mi mano de hombre
a hombre
y te pido me invites
a salir a caballo,
a trabajar contigo.
Siempre quise
ser aprendiz de otoño,
ser pariente pequeño
del laborioso

mecánico de altura,
galopar por la tierra
repartiendo
oro,
inútil oro.
Pero, mañana,
otoño,
te ayudaré a que cobren
hojas de oro
los pobres del camino.

Otoño, buen jinete,
galopemos,
antes que nos ataje
el negro invierno.
Es duro
nuestro largo trabajo.
Vamos
a preparar la tierra
y a enseñarla
a ser madre,
a guardar las semillas
que en su vientre
van a dormir cuidadas
por dos jinetes rojos
que corren por el mundo:
el aprendiz de otoño
y el otoño.

Así de las raíces
oscuras y escondidas
podrán salir bailando
la fragancia
y el velo verde de la primavera.

Oda al pájaro sofré

Te enterré en el jardín:
una fosa
minúscula
como una mano abierta,
tierra
austral,
tierra fría
fue cubriendo
tu plumaje,
los rayos amarillos,
los relámpagos negros
de tu cuerpo apagado.
Del Matto Grosso,
de la fértil Goiania,
te enviaron
encerrado.
No podías.
Te fuiste.
En la jaula
con las pequeñas
patas tiesas,
como agarradas
a una rama invisible,
muerto,
un pobre atado
de plumas
extinguidas,
lejos
de los fuegos natales,
de la madre
espesura,
en tierra fría,
lejos.

Ave
purísima,
te conocí viviente,
eléctrico,
agitado,
rumoroso,
una flecha
fragante
era tu cuerpo,
por mi brazo y mis hombros
anduviste
independiente, indómito,
negro de piedra negra
y polen amarillo.
Oh salvaje
hermosura,
la dirección erguida
de tus pasos,
en tus ojos
la chispa
del desafío, pero
así
como una flor es desafiante,
con la entereza
de una terrestre integridad, colmado
como un racimo, inquieto
como un descubridor,
seguro
de su débil arrogancia.

Hice mal, al otoño
que comienza
en mi patria,
a las hojas
que ahora desfallecen
y se caen,
al viento Sur, galvánico,
a los árboles duros, a las hojas

que tú no conocías,
te traje,
hice viajar tu orgullo
a otro sol ceniciento
lejos del tuyo
quemante
como cítara escarlata,
y cuando
al aeródromo metálico
tu jaula
descendió,
ya no tenías
la majestad del viento,
ya estabas despojado
de la luz cenital que te cubría,
ya eras
una pluma de la muerte,
y luego,
en mi casa,
fue tu mirada última
a mi rostro, el reproche
de tu mirada indomable.
Entonces,
con las alas cerradas,
regresaste
a tu cielo,
al corazón extenso,
al fuego verde,
a la tierra encendida,
a las vertientes,
a las enredaderas,
a las frutas,
al aire, a las estrellas,
al sonido secreto
de los desconocidos manantiales,
a la humedad
de las fecundaciones en la selva,
regresaste

a tu origen,
al fulgor amarillo,
al pecho oscuro,
a la tierra y al cielo de tu patria.

Oda al pan

Pan,
con harina,
agua
y fuego
te levantas.
Espeso y leve,
recostado y redondo,
repites
el vientre
de la madre,
equinoccial
germinación
terrestre.
Pan,
qué fácil
y qué profundo eres:
en la bandeja blanca
de la panadería
se alargan tus hileras
como utensilios, platos
o papeles,
y de pronto,
la ola
de la vida,
la conjunción del germen
y del fuego,
creces, creces
de pronto

como
cintura, boca, senos,
colinas de la tierra,
vidas,
sube el calor, te inunda
la plenitud, el viento
de la fecundidad,
y entonces
se inmoviliza tu color de oro,
y cuando se preñaron
tus pequeños vientres
la cicatriz morena
dejó su quemadura
en todo tu dorado
sistema
de hemisferios.
Ahora,
intacto,
eres
acción de hombre,
milagro repetido,
voluntad de la vida.

Oh pan de cada boca,
no
te imploraremos,
los hombres
no somos
mendigos
de vagos dioses
o de ángeles oscuros:
del mar y de la tierra
haremos pan,
plantaremos de trigo
la tierra y los planetas,
el pan de cada boca,
de cada hombre,
en cada día,

llegará porque fuimos
a sembrarlo
y a hacerlo,
no para un hombre sino
para todos,
el pan, el pan
para todos los pueblos
y con él lo que tiene
forma y sabor de pan
repartiremos:
la tierra,
la belleza,
el amor,
todo eso
tiene sabor de pan,
forma de pan,
germinación de harina,
todo
nació para ser compartido,
para ser entregado,
para multiplicarse.

Por eso, pan,
si huyes
de la casa del hombre,
si te ocultan,
te niegan,
si el avaro
te prostituye,
si el rico
te acapara,
si el trigo
no busca surco y tierra,
pan,
no rezaremos,
pan,
no mendigaremos,
lucharemos por ti con otros hombres,

con todos los hambrientos,
por todos los ríos y el aire
iremos a buscarte,
toda la tierra la repartiremos
para que tú germines,
y con nosotros
avanzará la tierra:
el agua, el fuego, el hombre
lucharán con nosotros.
Iremos coronados
con espigas,
conquistando
tierra y pan para todos,
y entonces
también la vida
tendrá forma de pan,
será simple y profunda,
innumerable y pura.
Todos los seres
tendrán derecho
a la tierra y la vida,
y así será el pan de mañana
el pan de cada boca,
sagrado,
consagrado,
porque será el producto
de la más larga y dura
lucha humana.

No tiene alas
la victoria terrestre:
tiene pan en sus hombros,
y vuela valerosa
liberando la tierra
como una panadera
conducida en el viento.

Oda a la pareja

I

Reina, es hermoso ver
marcando mi camino
tu pisada pequeña
o ver tus ojos
enredándose
en todo lo que miro,
ver despertar tu rostro
cada día,
sumergirse
en el mismo
fragmento
de sombra
cada noche.
Hermoso
es ver
el tiempo
que corre
como el mar
contra una sola proa
formada por tus senos y mi pecho,
por tus pies y mis manos.
Pasan por tu perfil
olas del tiempo,
las mismas que me azotan
y me encienden,
olas como furiosas
dentelladas de frío
y olas como los granos
de la espiga.
Pero
estamos juntos,

resistimos,
guardando
tal vez
espuma negra o roja
en la memoria,
heridas
que palpitaron como labios o alas.
Vamos andando juntos
por calles y por islas,
bajo el violín quebrado
de las ráfagas,
frente a un dios enemigo,
sencillamente juntos
una mujer y un hombre.

II

Aquellos
que no han sentido cada
día del mundo
caer
sobre la doble
máscara del navío,
no la sal sino el tiempo,
no la sombra
sino el paso desnudo
de la dicha,
cómo podrán cerrar
los ojos,
los ojos solitarios y dormir?

No me gusta
la casa sin tejado,
la ventana sin vidrios.
No me gusta
el día sin trabajo,
ni la noche sin sueño.

No me gusta
el hombre
sin mujer,
ni la mujer
sin hombre.

Complétate,
hombre o mujer, que nada
te intimide.
En algún sitio
ahora
están esperándote.
Levántate:
tiembla
la luz en las campanas,
nacen
las amapolas,
tienes
que vivir
y amasar
con barro y luz tu vida.

Si sobre dos cabezas
cae la nieve
es dulce el corazón
caliente de la casa.
De otra manera,
en la intemperie, el viento
te pregunta:
dónde está
la que amaste?
Y te empuja, mordiéndote, a buscarla.
Media mujer es una
y un hombre es medio hombre.
En media casa viven,
duermen en medio lecho.

Yo quiero
que las vidas se integren
encendiendo los besos
hasta ahora apagados.
Yo soy el buen poeta
casamentero. Tengo
novias
para todos los hombres.
Todos los días veo
mujeres solitarias
que por ti me preguntan.
Te casaré, si quieres,
con la hermana
de la sirena reina de las islas.
Por desgracia, no puedes
casarte con la reina,
porque me está esperando.
Se casará conmigo.

Oda al pasado

Hoy, conversando,
se salió de madre
el pasado,
mi pasado.
Con indulgencia
las pequeñas
cosas sucias,
episodios
vacíos,
harina negra,
polvo.
Te agachas
suavemente
inclinado

en ti mismo,
sonríes,
te celebras,
pero
si se trata
de otro, de tu amigo,
de tu enemigo,
entonces
te tornas despiadado,
frunces el ceño:
Qué cosas hizo ese hombre!
Esa mujer, qué cosas
hizo!
Te tapas
la nariz,
visiblemente
te desagradan mucho
los pasados ajenos.
De lo nuestro miramos
con nostalgia
los peores días,
abrimos
con precaución el cofre
y enarbolamos,
para que nos admiren,
la proeza.
Olvidemos el resto.
Sólo es mala memoria.
Escucha, aprende:
el tiempo
se divide
en dos ríos:
uno
corre hacia atrás, devora
lo que vives,
el otro
va contigo adelante
descubriendo

tu vida.
En un solo minuto
se juntaron.
Es éste.
Ésta es la hora,
la gota de un instante
que arrastrará el pasado.
Es el presente.
Está en tus manos.
Rápido, resbalando,
cae como cascada.
Pero eres dueño de él.
Constrúyelo
con amor, con firmeza,
con piedra y ala,
con rectitud
sonora,
con cereales puros,
con el metal más claro
de tu pecho,
andando
a mediodía,
sin temer
a la verdad, al bien, a la justicia.
Compañeros de canto,
el tiempo que transcurre
tendrá forma
y sonido
de guitarra,
y cuando quieras
inclinarte al pasado,
el manantial del tiempo
transparente
revelará tu integridad cantando.
El tiempo es alegría.

Oda a la pereza

Ayer sentí que la oda
no subía del suelo.
Era hora, debía
por lo menos
mostrar una hoja verde.
Rasqué la tierra: «Sube,
hermana oda
–le dije–,
te tengo prometida,
no me tengas miedo,
no voy a triturarte,
oda de cuatro hojas,
oda de cuatro manos,
tomarás té conmigo.
Sube,
te voy a coronar entre las odas,
saldremos juntos, por la orilla
del mar, en bicicleta».
Fue inútil.

Entonces,
en lo alto de los pinos,
la pereza
apareció desnuda,
me llevó deslumbrado
y soñoliento,
me descubrió en la arena
pequeños trozos rotos
de substancias oceánicas,
maderas, algas, piedras,
plumas de aves marinas.
Busqué sin encontrar
ágatas amarillas.

El mar
llenaba los espacios
desmoronando torres,
invadiendo
las costas de mi patria,
avanzando
sucesivas catástrofes de espuma.
Sola en la arena
abría un rayo
una corola.
Vi cruzar los petreles plateados
y como cruces negras
los cormoranes
clavados en las rocas.
Liberté una abeja
que agonizaba en un velo de araña,
metí una piedrecita
en un bolsillo,
era suave, suavísima
como un pecho de pájaro,
mientras tanto en la costa,
toda la tarde,
lucharon sol y niebla.
A veces
la niebla se impregnaba
de luz
como un topacio,
otras veces caía
un rayo de sol húmedo
dejando caer gotas amarillas.

En la noche,
pensando en los deberes de mi oda
fugitiva,
me saqué los zapatos
junto al fuego,
resbaló arena de ellos
y pronto fui quedándome
dormido.

Oda a la pobreza

Cuando nací,
pobreza,
me seguiste,
me mirabas
a través
de las tablas podridas
por el profundo invierno.
De pronto
eran tus ojos
los que miraban desde los agujeros.
Las goteras,
de noche,
repetían
tu nombre y apellido
o a veces
el salero quebrado,
el traje roto,
los zapatos abiertos,
me advertían.
Allí estaban
acechándome
tus dientes de carcoma,
tus ojos de pantano,
tu lengua gris
que corta
la ropa, la madera,
los huesos y la sangre,
allí estabas
buscándome,
siguiéndome
desde mi nacimiento
por las calles.

Cuando alquilé una pieza
pequeña, en los suburbios,
sentada en una silla
me esperabas,
o al descorrer las sábanas
en un hotel oscuro,
adolescente,
no encontré la fragancia
de la rosa desnuda,
sino el silbido frío
de tu boca.
Pobreza,
me seguiste
por los cuarteles y los hospitales,
por la paz y la guerra.
Cuando enfermé tocaron
a la puerta:
no era el doctor, entraba
otra vez la pobreza.
Te vi sacar mis muebles
a la calle:
los hombres
los dejaban caer como pedradas.
Tú, con amor horrible,
de un montón de abandono
en medio de la calle y de la lluvia
ibas haciendo
un trono desdentado
y mirando a los pobres
recogías
mi último plato haciéndolo diadema.
Ahora,
pobreza,
yo te sigo.
Como fuiste implacable,
soy implacable.
Junto
a cada pobre

me encontrarás cantando,
bajo
cada sábana
de hospital imposible
encontrarás mi canto.
Te sigo,
pobreza,
te vigilo,
te cerco,
te disparo,
te aíslo,
te cerceno las uñas,
te rompo
los dientes que te quedan.
Estoy
en todas partes:
en el océano con los pescadores,
en la mina
los hombres
al limpiarse la frente,
secarse el sudor negro,
encuentran
mis poemas.
Yo salgo cada día
con la obrera textil.
Tengo las manos blancas
de dar el pan en las panaderías.
Donde vayas,
pobreza,
mi canto
está cantando,
mi vida
está viviendo,
mi sangre
está luchando.
Derrotaré
tus pálidas banderas
en donde se levanten.

Otros poetas
antaño te llamaron
santa,
veneraron tu capa,
se alimentaron de humo
y desaparecieron.
Yo
te desafío,
con duros versos te golpeo el rostro,
te embarco y te destierro.
Yo con otros,
con otros, muchos otros,
te vamos expulsando
de la tierra a la luna
para que allí te quedes
fría y encarcelada
mirando con un ojo
el pan y los racimos
que cubrirán la tierra
de mañana.

Oda a la poesía

Cerca de cincuenta años
caminando
contigo, Poesía.
Al principio
me enredabas los pies
y caía de bruces
sobre la tierra oscura
o enterraba los ojos
en la charca
para ver las estrellas.
Más tarde te ceñiste
a mí con los dos brazos de la amante

y subiste
en mi sangre
como una enredadera.
Luego
te convertiste en copa.

Hermoso
fue
ir derramándote sin consumirte,
ir entregando tu agua inagotable,
ir viendo que una gota
caía sobre un corazón quemado
y desde sus cenizas revivía.
Pero
no me bastó tampoco.
Tanto anduve contigo
que te perdí el respeto.
Dejé de verte como
náyade vaporosa,
te puse a trabajar de lavandera,
a vender pan en las panaderías,
a hilar con las sencillas tejedoras,
a golpear hierros en la metalurgia.
Y seguiste conmigo
andando por el mundo,
pero tú ya no eras
la florida
estatua de mi infancia.
Hablabas
ahora
con voz férrea.
Tus manos
fueron duras como piedras.
Tu corazón
fue un abundante
manantial de campanas,
elaboraste pan a manos llenas,
me ayudaste

a no caer de bruces,
me buscaste
compañía,
no una mujer,
no un hombre,
sino miles, millones.
Juntos, Poesía,
fuimos
al combate, a la huelga,
al desfile, a los puertos,
a la mina,
y me reí cuando saliste
con la frente manchada de carbón
o coronada de aserrín fragante
de los aserraderos.
Ya no dormíamos en los caminos.
Nos esperaban grupos
de obreros con camisas
recién lavadas y banderas rojas.

Y tú, Poesía,
antes tan desdichadamente tímida,
a la cabeza
fuiste
y todos
se acostumbraron a tu vestidura
de estrella cuotidiana,
porque aunque algún relámpago delató tu familia
cumpliste tu tarea,
tu paso entre los pasos de los hombres.
Yo te pedí que fueras
utilitaria y útil,
como metal o harina,
dispuesta a ser arado,
herramienta,
pan y vino,
dispuesta, Poesía,
a luchar cuerpo a cuerpo
y a caer, desangrándote.

Y ahora,
Poesía,
gracias, esposa,
hermana o madre
o novia,
gracias, ola marina,
azahar y bandera,
motor de música,
largo pétalo de oro,
campana submarina,
granero
inextinguible,
gracias,
tierra de cada uno
de mis días,
vapor celeste y sangre
de mis años,
porque me acompañaste
desde la más enrarecida altura
hasta la simple mesa
de los pobres,
porque pusiste en mi alma
sabor ferruginoso
y luego frío,
porque me levantaste
hasta la altura insigne
de los hombres comunes,
Poesía,
porque contigo
mientras me fui gastando
tú continuaste
desarrollando tu frescura firme,
tu ímpetu cristalino,
como si el tiempo
que poco a poco me convierte en tierra
fuera a dejar corriendo eternamente
las aguas de mi canto.

Oda a los poetas populares

Poetas naturales de la tierra,
escondidos en surcos,
cantando en las esquinas,
ciegos de callejón, oh trovadores
de las praderas y los almacenes,
si al agua
comprendiéramos
tal vez como vosotros hablaría,
si las piedras
dijeran su lamento
o su silencio,
con vuestra voz, hermanos,
hablarían.
Numerosos
sois, como las raíces.
En el antiguo corazón
del pueblo
habéis nacido
y de allí viene
vuestra voz sencilla.
Tenéis la jerarquía
del silencioso cántaro de greda
perdido en los rincones,
de pronto canta
cuando se desborda
y es sencillo
su canto,
es sólo tierra y agua.

Así quiero que canten
mis poemas,
que lleven
tierra y agua,

fertilidad y canto,
a todo el mundo.
Por eso,
poetas
de mi pueblo,
saludo
la antigua luz que sale
de la tierra.
El eterno
hilo en que se juntaron
pueblo
y
poesía,
nunca
se cortó
este profundo
hilo de piedra,
viene
desde tan lejos
como
la memoria
del hombre.
Vio
con los ojos ciegos
de los vates
nacer la tumultuosa
primavera,
la sociedad humana,
el primer beso,
y en la guerra
cantó sobre la sangre,
allí estaba mi hermano
barba roja,
cabeza ensangrentada
y ojos ciegos,
con su lira,
allí estaba
cantando

entre los muertos,
Homero
se llamaba
o Pastor Pérez,
o Reinaldo Donoso.
Sus endechas
eran allí y ahora
un vuelo blanco,
una paloma,
eran la paz, la rama
del árbol del aceite,
y la continuidad de la hermosura.
Más tarde
los absorbió la calle,
la campiña,
los encontré cantando
entre las reses,
en la celebración
del desafío,
relatando las penas
de los pobres,
llevando las noticias
de las inundaciones,
detallando las ruinas
del incendio
o la noche nefanda
de los asesinatos.

Ellos,
los poetas
de mi pueblo,
errantes,
pobres entre los pobres,
sostuvieron
sobre sus canciones
la sonrisa,
criticaron con sorna
a los explotadores,

contaron la miseria
del minero
y el destino implacable
del soldado.
Ellos,
los poetas
del pueblo,
con guitarra harapienta
y ojos conocedores
de la vida,
sostuvieron
en su canto
una rosa
y la mostraron en los callejones
para que se supiera
que la vida
no será siempre triste.
Payadores, poetas
humildemente altivos,
a través
de la historia
y sus reveses,
a través
de la paz y de la guerra,
de la noche y la aurora,
sois vosotros
los depositarios,
los tejedores
de la poesía,
y ahora
aquí en mi patria
está el tesoro,
el cristal de Castilla,
la soledad de Chile,
la pícara inocencia,
y la guitarra contra el infortunio,
la mano solidaria
en el camino,

la palabra
repetida en el canto
y transmitida,
la voz de piedra y agua
entre raíces,
la rapsodia del viento,
la voz que no requiere librerías,
todo lo que debemos aprender
los orgullosos:
con la verdad del pueblo
la eternidad del canto.

Oda a la primavera

Primavera
temible,
rosa
loca,
llegarás,
llegas
imperceptible,
apenas
un temblor de ala, un beso
de niebla con jazmines,
el sombrero
lo sabe,
los caballos,
el viento
trae una carta verde
que los árboles leen
y comienzan
las hojas
a mirar con un ojo,
a ver de nuevo el mundo,
se convencen,

todo está preparado,
el viejo sol supremo,
el agua que habla,
todo,
y entonces
salen todas las faldas
del follaje,
la esmeraldina,
loca
primavera,
luz desencadenada,
yegua verde,
todo
se multiplica,
todo
busca
palpando
una materia
que repita su forma,
el germen mueve
pequeños pies sagrados,
el hombre
ciñe
el amor de su amada,
y la tierra se llena
de frescura,
de pétalos que caen
como harina,
                    la tierra
brilla recién pintada
mostrando
su fragancia
en sus heridas,
los besos de los labios de claveles,
la marea escarlata de la rosa.
Ya está bueno!
Ahora,
primavera,

dime para qué sirves
y a quién sirves.
Dime si el olvidado
en su caverna
recibió tu visita,
si el abogado pobre
en su oficina
vio florecer tus pétalos
sobre la sucia alfombra,
si el minero
de las minas de mi patria
no conoció
más que la primavera negra
del carbón
o el viento envenenado
del azufre!

Primavera,
muchacha,
te esperaba!
Toma esta escoba y barre
el mundo!
Limpia
con este trapo
las fronteras,
sopla
los techos de los hombres,
escarba
el oro
acumulado
y reparte
los bienes
escondidos,
ayúdame
cuando
ya
el
hombre

esté libre
de miseria,
polvo,
harapos,
deudas,
llagas,
dolores,
cuando
con tus transformadoras manos de hada
y las manos del pueblo,
cuando sobre la tierra
el fuego y el amor
toquen tus bailarines
pies de nácar,
cuando
tú, primavera,
entres
a todas
las casas de los hombres,
te amaré sin pecado,
desordenada dalia,
acacia loca,
amada,
contigo, con tu aroma,
con tu abundancia, sin remordimiento,
con tu desnuda nieve
abrasadora,
con tus más desbocados manantiales,
sin descartar la dicha
de otros hombres,
con la miel misteriosa
de las abejas diurnas,
sin que los negros tengan
que vivir apartados
de los blancos,
oh primavera
de la noche sin pobres,
sin pobreza,

primavera
fragante,
llegarás,
llegas,
te veo
venir por el camino:
ésta es mi casa,
entra,
tardabas,
era hora,
qué bueno es florecer,
qué trabajo
tan bello:
qué activa
obrera eres,
primavera,
tejedora,
labriega,
ordeñadora,
múltiple abeja,
                            máquina
transparente,
molino de cigarras,
entra
en todas las casas,
adelante,
trabajaremos juntos
en la futura y pura
fecundidad florida.

Oda a un reloj en la noche

En la noche, en tu mano
brilló como luciérnaga
mi reloj.

Oí
su cuerda:
como un susurro seco
salía
de tu mano invisible.
Tu mano entonces
volvió a mi pecho oscuro
a recoger mi sueño y su latido.

El reloj
siguió cortando el tiempo
con su pequeña sierra.
Como en un bosque
caen
fragmentos de madera,
mínimas gotas, trozos
de ramajes o nidos,
sin que cambie el silencio,
sin que la fresca oscuridad termine,
así
siguió el reloj cortando
desde tu mano invisible,
tiempo, tiempo,
y cayeron
minutos como hojas,
fibras de tiempo roto,
pequeñas plumas negras.

Como en el bosque
olíamos raíces,
el agua en algún sitio desprendía
una gotera gruesa
como uva mojada.
Un pequeño molino
molía noche,
la sombra susurraba
cayendo de tu mano
y llenaba la tierra.

Polvo,
tierra, distancia
molía y molía
mi reloj en la noche,
desde tu mano.

Yo puse
mi brazo
bajo tu cuello invisible,
bajo su peso tibio
y en mi mano
cayó el tiempo,
la noche,
pequeños ruidos
de madera y de bosque,
de noche dividida,
de fragmentos de sombra,
de agua que cae y cae:
entonces
cayó el sueño
desde el reloj y desde
tus dos manos dormidas,
cayó como agua oscura
de los bosques,
del reloj
a tu cuerpo,
de ti hacia los países,
agua oscura,
tiempo que cae
y corre
adentro de nosotros.

Y así fue aquella noche,
sombra y espacio, tierra
y tiempo,
algo que corre y cae
y pasa.
Y así todas las noches
van por la tierra,

no dejan sino un vago
aroma negro,
cae una hoja,
una gota
en la tierra
apaga su sonido,
duerme el bosque, las aguas,
las praderas,
las campanas,
los ojos.

Te oigo y respiras,
amor mío,
dormimos.

Oda a Río de Janeiro

Río de Janeiro, el agua
es tu bandera,
agita tus colores,
sopla y suena en el viento,
ciudad,
náyade negra,
de claridad sin fin,
de hirviente sombra,
de piedra con espuma
es tu tejido,
el lúcido balance
de tu hamaca marina,
el azul movimiento
de tus pies arenosos,
el encendido ramo
de tus ojos.
Río, Río de Janeiro,
los gigantes

salpicaron tu estatua
con puntos de pimienta,
dejaron
en tu boca
lomos de mar, aletas
turbadoramente tibias,
promontorios
de la fertilidad, tetas del agua,
declives de granito,
labios de oro,
y entre la piedra rota
el sol marino
iluminando
espumas estrelladas.

Oh Belleza,
oh ciudadela
de piel fosforescente,
granada
de carne azul, oh diosa
tatuada en sucesivas
olas de ágata negra,
de tu desnuda estatua
sale un aroma de jazmín mojado
por el sudor, un ácido
relente
de cafetales y de fruterías
y poco a poco bajo tu diadema,
entre la duplicada maravilla
de tus senos,
entre cúpula y cúpula
de tu naturaleza
asoma el diente de la desventura,
la cancerosa cola
de la miseria humana,
en los cerros leprosos
el racimo inclemente
de las vidas,

luciérnaga terrible,
esmeralda
extraída
de la sangre,
tu pueblo hacia los límites
de la selva se extiende
y un rumor oprimido,
pasos y sordas voces,
migraciones de hambrientos,
oscuros pies con sangre,
tu pueblo,
más allá de los ríos,
en la densa
amazonia,
olvidado,
en el norte
de espinas,
olvidado
con sed en las mesetas,
olvidado,
en los puertos, mordido
por la fiebre,
olvidado,
en la puerta
de la casa de donde lo expulsaron,
pidiéndote
una sola mirada,
y olvidado.

En otras tierras,
reinos, naciones,
islas,
la ciudad capital,
la coronada,
fue colmena
de trabajos humanos,
muestra de la desdicha
y del acierto,

hígado de la pobre monarquía,
cocina de la pálida república.
Tú eres el cegador
escaparate
de una sombría noche,
la garganta
cubierta
de aguas marinas
y oro
de un cuerpo
abandonado,
eres
la puerta
delirante
de una casa vacía,
eres
el antiguo pecado,
la salamandra
cruel,
intacta
en el brasero
de los largos dolores de tu pueblo,
eres
Sodoma,
sí,
Sodoma
deslumbrante,
con un fondo sombrío
de terciopelo verde,
rodeada
de crespa sombra, de aguas
ilimitadas, duermes
en los brazos
de la desconocida
primavera
de un planeta salvaje.
Río, Río de Janeiro,
cuántas cosas

debo decirte. Nombres
que no olvido,
amores
que maduran su perfume,
citas contigo, cuando
de tu pueblo
una ola
agregue a tu diadema
la ternura,
cuando
a tu bandera de aguas
asciendan las estrellas
del hombre,
no del mar,
no del cielo,
cuando
en el esplendor
de tu aureola
yo vea
al negro, al blanco, al hijo
de tu tierra y de tu sangre,
elevados
hasta la dignidad de tu hermosura,
iguales en tu luz resplandeciente,
propietarios
humildes y orgullosos
del espacio y de la alegría,
entonces, Río de Janeiro,
cuando
alguna vez
para todos tus hijos,
no sólo para algunos,
des tu sonrisa, espuma
de náyade morena,
entonces
yo seré tu poeta,
llegaré con mi lira
a cantar en tu aroma

y dormiré en tu cinta
de platino,
en tu arena
incomparable,
en la frescura azul del abanico
que abrirás en mi sueño
como las alas de una
gigantesca
mariposa marina.

Oda a la sencillez

Sencillez, te pregunto,
me acompañaste siempre?
O te vuelvo a encontrar
en mi silla, sentada?
Ahora
no quieren aceptarme
contigo,
me miran de reojo,
se preguntan quién es
la pelirroja.
El mundo,
mientras nos encontrábamos
y nos reconocíamos,
se llenaba de tontos
tenebrosos,
de hijos de fruta tan repletos
de palabras
como los diccionarios,
tan llenos de viento
como una tripa que nos quiere hacer
una mala jugada
y ahora que llegamos
después de tantos viajes

desentonamos
en la poesía.
Sencillez, qué terrible lo que nos pasa:
no quieren recibirnos
en los salones,
los cafés están llenos
de los más exquisitos
pederastas,
y tú y yo nos miramos,
no nos quieren.
Entonces
nos vamos
a la arena,
a los bosques,
de noche
la oscuridad es nueva,
arden recién lavadas
las estrellas, el cielo
es un campo de trébol
turgente, sacudido
por su sangre
sombría.
En la mañana
vamos
a la panadería,
tibio está el pan como un seno,
huele
el mundo a esta frescura
de pan recién salido.
Romero, Ruiz, Nemesio,
Rojas, Manuel Antonio,
panaderos.
Qué parecidos son
el pan y el panadero,
qué sencilla es la tierra
en la mañana,
más tarde es más sencilla,
y en la noche
es transparente.

Por eso
busco
nombres
entre la hierba.
Cómo te llamas?
le pregunto
a una corola
que de pronto
pegada al suelo entre las piedras pobres
ardió como un relámpago.
Y así, sencillez, vamos
conociendo
los escondidos seres, el secreto
valor de otros metales,
mirando la hermosura de las hojas,
conversando con hombres y mujeres
que por sólo ser eso
son insignes,
y de todo,
de todos,
sencillez, me enamoras.
Me voy contigo,
me entrego a tu torrente
de agua clara.
Y protestan entonces:
Quién es ésa
que anda con el poeta?
Por cierto
que no queremos nada
con esa provinciana.
Pero si es aire, es ella
el cielo que respiro.
Yo no la conocía o recordaba.
Si me vieron
antes
andar con misteriosas
odaliscas,
fueron sólo deslices

tenebrosos.
Ahora,
amor mío,
agua,
ternura,
luz luminosa o sombra
transparente,
sencillez,
vas conmigo ayudándome a nacer,
enseñándome
otra vez a cantar,
verdad, virtud, vertiente,
victoria cristalina.

Oda a la soledad

Oh soledad, hermosa
palabra, hierbas
silvestres
brotan entre tus sílabas!
Pero eres sólo pálida
palabra, oro
falso,
moneda traidora!
Yo describí la soledad con letras
de la literatura,
le puse la corbata
sacada de los libros,
la camisa
del sueño,
pero
sólo la conocí cuando fui solo.
Bestia no vi ninguna
como aquélla:
a la araña peluda

se parece
y a la mosca
de los estercoleros,
pero en sus patas de camello tiene
ventosas de serpiente submarina,
tiene una pestilencia de bodega
en donde se pudrieron por los siglos
pardos cueros de focas y ratones.
Soledad, ya no quiero
que sigas
mintiendo por la boca de los libros.
Llega el joven poeta tenebroso
y para seducir
así a la soñolienta señorita
se busca mármol negro y te levanta
una pequeña estatua
que olvidará
en la mañana de su matrimonio.
Pero
a media luz de la primera vida
de niños la encontramos
y la creemos una diosa negra
traída de las islas,
jugamos con su torso y le ofrendamos
la reverencia pura de la infancia.
No es verdad
la soledad creadora.
No está sola
la semilla en la tierra.
Multitudes de gérmenes mantienen
el profundo concierto de las vidas
y el agua es sólo madre transparente
de un invisible coro sumergido.

Soledad de la tierra
es el desierto. Y estéril
es como él
la soledad

del hombre. Las mismas
horas, noches y días,
toda la tierra envuelven
con su manto
pero no dejan nada en el desierto.
La soledad no recibe semillas.

No es sólo su belleza
el barco en el océano:
su vuelo de paloma sobre el agua
es el producto
de una maravillosa compañía
de fuego y fogoneros,
de estrella y navegantes,
de brazos y banderas congregados,
de comunes amores y destinos.

La música
buscó para expresarse
la firmeza coral del oratorio
y escrita fue
no sólo por un hombre
sino por una línea
de ascendientes sonoros.

Y esta palabra
que aquí dejo en la rama suspendida,
esta canción que busca
ninguna soledad sino tu boca
para que la repitas
la escribe el aire junto a mí, las vidas
que antes que yo vivieron,
y tú que lees mi oda
contra tu soledad la has dirigido
y así tus propias manos la escribieron
sin conocerme, con las manos mías.

Oda al tercer día

Eres el lunes, jueves,
llegarás o pasaste.
Agosto en medio
de su red escarlata
de pronto te levanta,
o junio,
junio,
cuando menos pensábamos
un pétalo
con llamas
surge
en medio
de la semana fría,
un pez rojo recorre
como un escalofrío,
de repente,
el invierno,
y comienzan las flores
a vestirse,
a llenarse de luna,
a caminar por la calle,
a embarcarse
en el viento,
es un día
cualquiera,
color de muro,
pero
algo sube a la cima
de un minuto, oriflama
o sal silvestre,
oro de abeja sube a las banderas,
miel escarlata desarrolla el viento,
es un día sin nombre,

pero
con patas de oro
camina en la semana,
el polen se le pega
en el bigote,
la argamasa celeste
se adelanta en sus ojos,
y bailamos
contentos,
cantamos persiguiendo
las flores del cerezo,
levantamos la copa
enamorados,
saludamos la hora
que se acerca, el minuto
que transcurrió,
que nace
o que fermenta.
Diosa del día,
amapola
inconsciente,
rosa descabellada,
súbita primavera,
jueves,
rayo escondido en medio
de la ropa,
te amo,
soy
tu novio.
Comprendo, pasajera,
pasajero
que pasas: debemos
despedirnos,
pero una gota
de esplendor,
una uva
de sol imaginario
llegó a la sangre ciega

de cada día,
y guardaremos
este destello rojo
de fuego y ambrosía,
guardaremos
este día insurgente
ardiendo
inolvidable
con su llama
en medio del polvo y del tiempo.

Oda al tiempo

Dentro de ti tu edad
creciendo,
dentro de mí mi edad
andando.
El tiempo es decidido,
no suena su campana,
se acrecienta, camina,
por dentro de nosotros,
aparece
como un agua profunda
en la mirada
y junto a las castañas
quemadas de tus ojos
una brizna, la huella
de un minúsculo río,
una estrellita seca
ascendiendo a tu boca.
Sube el tiempo
sus hilos
a tu pelo,
pero en mi corazón
como una madreselva

es tu fragancia,
viviente como el fuego.
Es bello
como lo que vivimos
envejecer viviendo.
Cada día
fue piedra transparente,
cada noche
para nosotros fue una rosa negra,
y este surco en tu rostro o en el mío
son piedra o flor,
recuerdo de un relámpago.
Mis ojos se han gastado en tu hermosura,
pero tú eres mis ojos.
Yo fatigué tal vez bajo mis besos
tu pecho duplicado,
pero todos han visto en mi alegría
tu resplandor secreto.
Amor, qué importa
que el tiempo,
el mismo que elevó como dos llamas
o espigas paralelas
mi cuerpo y tu dulzura,
mañana los mantenga
o los desgrane
y con sus mismos dedos invisibles
borre la identidad que nos separa
dándonos la victoria
de un solo ser final bajo la tierra.

Oda a la tierra

Yo no la tierra pródiga
canto,
la desbordada

madre de las raíces,
la despilfarradora,
espesa de racimos y de pájaros,
lodos y manantiales,
patria de los caimanes,
sultana de anchos senos
y diadema erizada,
no al origen
del tigre en el follaje
ni a la grávida tierra de labranza
con su semilla como
un minúsculo nido
que cantará mañana,
no, yo alabo
la tierra mineral, la piedra andina,
la cicatriz severa
del desierto lunar, las espaciosas
arenas de salitre,
yo canto
el hierro,
la encrespada cabeza
del cobre y sus racimos
cuando emerge
envuelto en polvo y pólvora
recién desenterrado
de la geografía.
Oh tierra, madre dura,
allí escondiste
los metales profundos,
de allí los arañamos
y con fuego
el hombre,
Pedro,
Rodríguez o Ramírez
los convirtió de nuevo
en luz original, en lava líquida,
y entonces
duro contigo, tierra,

colérico metal,
te hiciste por la fuerza
de las pequeñas manos de mi tío,
alambre o herradura,
nave o locomotora,
esqueleto de escuela,
velocidad de bala.
Árida tierra, mano
sin signos en la palma,
a ti te canto,
aquí no diste trinos
ni te nutrió la rosa
de la corriente que canta
seca, dura y cerrada,
puño enemigo, estrella
negra,
a ti te canto
porque el hombre
te hará parir, te llenará de frutos,
buscará tus ovarios,
derramará en tu copa secreta
los rayos especiales,
tierra de los desiertos,
línea pura,
a ti las escrituras de mi canto
porque pareces muerta
y te despierta
el ramalazo de la dinamita,
y un penacho de humo sangriento
anuncia el parto
y saltan los metales hacia el cielo.
Tierra, me gustas
en la arcilla y la arena,
te levanto y te formo,
como tú me formaste,
y ruedas de mis dedos
como yo desprendido
voy a volver a tu matriz extensa.

Tierra, de pronto
me parece tocarte
en todos tus contornos
de medalla porosa,
de jarra diminuta,
y en tu forma paseo
mis manos
hallando la cadera de la que amo,
los pequeñitos senos,
el viento como un grano
de suave y tibia avena
y a ti me abrazo, tierra,
junto a ti, duermo,
en tu cintura se atan mis brazos y mis labios,
duermo contigo y siembro mis más profundos besos.

Oda al tomate

La calle
se llenó de tomates,
mediodía,
verano,
la luz
se parte
en dos
mitades
de tomate,
corre
por las calles
el jugo.
En diciembre
se desata
el tomate,
invade
las cocinas,

entra por los almuerzos,
se sienta
reposado
en los aparadores,
entre los vasos,
las mantequilleras,
los saleros azules.
Tiene
luz propia,
majestad benigna.
Debemos, por desgracia,
asesinarlo:
se hunde
el cuchillo
en su pulpa viviente,
es una roja
víscera,
un sol
fresco,
profundo,
inagotable,
llena las ensaladas
de Chile,
se casa alegremente
con la clara cebolla,
y para celebrarlo
se deja
caer
aceite,
hijo
esencial del olivo,
sobre sus hemisferios entreabiertos,
agrega
la pimienta
su fragancia,
la sal su magnetismo:
son las bodas
del día,

el perejil
levanta
banderines,
las papas
hierven vigorosamente,
el asado
golpea
con su aroma
en la puerta,
es hora!
vamos!
y sobre
la mesa, en la cintura
del verano,
el tomate,
astro de tierra,
estrella
repetida
y fecunda,
nos muestra
sus circunvoluciones,
sus canales,
la insigne plenitud
y la abundancia
sin hueso,
sin coraza,
sin escamas ni espinas,
nos entrega
el regalo
de su color fogoso
y la totalidad de su frescura.

Oda a la tormenta

Anoche
vino
ella,
rabiosa,
azul, color de noche,
roja, color de vino,
la tempestad
trajo
su cabellera de agua,
ojos de frío fuego,
anoche quiso
dormir sobre la tierra.
Llegó de pronto
recién desenrollada
desde su astro furioso,
desde su cueva celeste,
quería dormir
y preparó su cama,
barrió selvas, caminos,
barrió montes,
lavó piedras de océano,
y entonces
como si fueran plumas
removió los pinares
para hacerse su cama.
Sacó relámpagos
de su saco de fuego,
dejó caer los truenos
como grandes barriles.
De pronto
fue silencio:
una hoja
iba sola en el aire,

como un violín volante,
entonces,
antes
de que llegara al suelo,
tempestad, en tus manos
la tomaste,
pusiste todo el viento
a soplar su bocina,
la noche entera
a andar con sus caballos,
todo el hielo a silbar,
los árboles
salvajes
a expresar la desdicha
de los encadenados,
la tierra
a gemir como madre
pariendo,
de un solo soplo
escondiste
el rumor de la hierba
o las estrellas,
rompiste
como un lienzo
el silencio inactivo,
se llenó el mundo
de orquesta y furia y fuego,
y cuando los relámpagos
caían como cabellos
de tu frente fosfórica,
caían como espadas
de tu cintura guerrera,
y cuando ya creíamos
que terminaba el mundo,
entonces,
lluvia,
lluvia,
sólo

lluvia,
toda la tierra, todo
el cielo
reposaban,
la noche
se desangró cayendo
sobre el sueño del hombre,
sólo lluvia,
agua
del tiempo y del cielo:
nada había caído,
sino una rama rota,
un nido abandonado.

Con tus dedos
de música,
con tu fragor de infierno,
con tu fuego
de volcanes nocturnos,
jugaste
levantando una hoja,
diste fuerza a los ríos,
enseñaste
a ser hombres
a los hombres,
a temer a los débiles,
a llorar a los dulces,
a estremecerse
a las ventanas,
pero
cuando
ibas a destruirnos, cuando
como cuchilla
bajaba del cielo la furia,
cuando temblaba
toda la luz y la sombra
y se mordían los pinos
aullando

junto al mar en tinieblas,
tú, delicada
tempestad, novia mía,
furiosa,
no nos hiciste daño:
regresaste
a tu estrella
y lluvia,
lluvia verde,
lluvia llena
de sueños y de gérmenes,
lluvia
preparadora
de cosechas,
lluvia que lava el mundo,
lo enjuga
y lo recrea,
lluvia para nosotros
y para las semillas,
lluvia
para el olvido
de los muertos
y para
nuestro pan de mañana,
eso sólo
dejaste,
agua y música,
por eso,
tempestad,
te amo,
cuenta conmigo,
vuelve,
despiértame,
ilumíname,
muéstrame tu camino
para que a ti se junte y cante con tu canto
la decidida voz
tempestuosa de un hombre.

Oda al traje

Cada mañana esperas,
traje, sobre una silla
que te llene
mi vanidad, mi amor,
mi esperanza, mi cuerpo.
Apenas
salgo del sueño,
me despido del agua,
entro en tus mangas,
mis piernas buscan
el hueco de tus piernas
y así abrazado
por tu fidelidad infatigable
salgo a pisar el pasto,
entro en la poesía,
miro por las ventanas,
las cosas,
los hombres, las mujeres,
los hechos y las luchas
me van formando,
me van haciendo frente
labrándome las manos,
abriéndome los ojos,
gastándome la boca
y así,
traje,
yo también voy formándote,
sacándote los codos,
rompiéndote los hilos,
y así tu vida crece
a imagen de mi vida.
Al viento
ondulas y resuenas

como si fueras mi alma,
en los malos minutos
te adhieres
a mis huesos
vacíos, por la noche
la oscuridad, el sueño
pueblan con sus fantasmas
tus alas y las mías.
Yo pregunto
si un día
una bala
del enemigo
te dejará una mancha de mi sangre
y entonces
te morirás conmigo
o tal vez
no sea todo
tan dramático
sino simple,
y te irás enfermando,
traje,
conmigo,
envejeciendo
conmigo, con mi cuerpo
y juntos
entraremos
a la tierra.
Por eso
cada día
te saludo
con reverencia y luego
me abrazas y te olvido,
porque uno solo somos
y seguiremos siendo
frente al viento, en la noche,
las calles o la lucha
un solo cuerpo
tal vez, tal vez, alguna vez inmóvil.

Oda a la tranquilidad

Ancho
reposo,
agua
quieta,
clara, serena sombra,
saliendo
de la acción como salen
lagos de las cascadas,
merecida merced,
pétalo justo,
ahora
boca arriba
miro
correr el cielo,
se desliza
su cuerpo azul profundo,
adónde
se dirige
con sus peces, sus islas,
sus estuarios?
El cielo
arriba,
abajo
un rumor
de rosa seca,
crujen
pequeñas cosas, pasan
insectos como números:
es la tierra,
debajo
trabajan
raíces,
metales,

aguas,
penetran
nuestro cuerpo,
germinan en nosotros.

Inmóviles un día,
bajo un árbol,
no lo sabíamos:
todas las hojas hablan,
se cuentan
noticias de otros árboles,
historias de la patria,
de los árboles,
algunos aún recuerdan
la forma sigilosa
del leopardo
cruzando entre sus ramas,
como dura
neblina,
otros
la nieve huracanada,
el cetro
del tiempo tempestuoso.
Debemos
dejar que hable
no sólo
la boca de los árboles,
sino todas las bocas,
callar, callar en medio
del canto innumerable.
Nada es mudo en la tierra:
cerramos
los ojos
y oímos
cosas que se deslizan,
criaturas que crecen,
crujidos
de madera invisible,

y luego
el mundo,
tierra, celestes aguas,
aire,
todo
suena
a veces como un trueno,
otras veces
como un río remoto.
Tranquilidad, reposo
de un minuto, de un día,
de tu profundidad recogeremos
metales,
de tu apariencia muda
saldrá la luz sonora.
Así será la acción purificada.
Así dirán los hombres, sin saberlo,
la opinión de la tierra.

Oda a la tristeza

Tristeza, escarabajo
de siete patas rotas,
huevo de telaraña,
rata descalabrada,
esqueleto de perra:
Aquí no entras.
No pasas.
Ándate.
Vuelve
al Sur con tu paraguas,
vuelve
al Norte con tus dientes de culebra.
Aquí vive un poeta.
La tristeza no puede

entrar por estas puertas.
Por las ventanas
entra el aire del mundo,
las rojas rosas nuevas,
las banderas bordadas
del pueblo y sus victorias.
No puedes.
Aquí no entras.
Sacude
tus alas de murciélago,
yo pisaré las plumas
que caen de tu manto,
yo barreré los trozos
de tu cadáver hacia
las cuatro puntas del viento,
yo te torceré el cuello,
te coseré los ojos,
cortaré tu mortaja
y enterraré tus huesos roedores
bajo la primavera de un manzano.

Oda a Valparaíso

Valparaíso,
qué disparate
eres,
qué loco,
puerto loco,
qué cabeza
con cerros,
desgreñada,
no acabas
de peinarte,
nunca
tuviste

tiempo de vestirte,
siempre
te sorprendió
la vida,
te despertó la muerte,
en camisa,
en largos calzoncillos
con flecos de colores,
desnudo
con un nombre
tatuado en la barriga,
y con sombrero,
te agarró el terremoto,
corriste
enloquecido,
te quebraste las uñas,
se movieron
las aguas y las piedras,
las veredas,
el mar,
la noche,
tú dormías
en tierra,
cansado
de tus navegaciones,
y la tierra,
furiosa,
levantó su oleaje
más tempestuoso
que el vendaval marino,
el polvo
te cubría
los ojos,
las llamas
quemaban tus zapatos,
las sólidas
casas de los banqueros
trepidaban

como heridas ballenas,
mientras arriba
las casas de los pobres
saltaban
al vacío
como aves
prisioneras
que probando las alas
se desploman.

Pronto,
Valparaíso,
marinero,
te olvidas
de las lágrimas,
vuelves
a colgar tus moradas,
a pintar puertas
verdes,
ventanas
amarillas,
todo
lo transformas en nave,
eres
la remendada proa
de un pequeño,
valeroso
navío.
La tempestad corona
con espuma
tus cordeles que cantan
y la luz del océano
hace temblar camisas
y banderas
en tu vacilación indestructible.

Estrella
oscura

eres
de lejos,
en la altura de la costa
resplandeces
y pronto
entregas
tu escondido fuego,
el vaivén
de tus sordos callejones,
el desenfado
de tu movimiento,
la claridad
de tu marinería.
Aquí termino, es esta
oda,
Valparaíso,
tan pequeña
como una camiseta
desvalida,
colgando
en tus ventanas harapientas,
meciéndose
en el viento
del océano,
impregnándose
de todos
los dolores
de tu suelo,
recibiendo
el rocío
de los mares, el beso
del ancho mar colérico
que con toda su fuerza
golpeándose en tu piedra
no pudo
derribarte,
porque en tu pecho austral
están tatuadas

la lucha,
la esperanza,
la solidaridad
y la alegría
como anclas
que resisten
las olas de la tierra.

Oda a César Vallejo

A la piedra en tu rostro,
Vallejo,
a las arrugas
de las áridas sierras
yo recuerdo en mi canto,
tu frente
gigantesca
sobre tu cuerpo frágil,
el crepúsculo negro
en tus ojos
recién desenterrados,
días aquéllos,
bruscos,
desiguales,
cada hora tenía
ácidos diferentes
o ternuras
remotas,
las llaves
de la vida
temblaban
en la luz polvorienta
de la calle,
tú volvías
de un viaje

lento, bajo la tierra,
y en la altura
de las cicatrizadas cordilleras
yo golpeaba las puertas,
que se abrieran
los muros,
que se desenrollaran
los caminos,
recién llegado de Valparaíso
me embarcaba en Marsella,
la tierra
se cortaba
como un limón fragante
en frescos hemisferios amarillos,
te quedabas
tú
allí, sujeto
a nada,
con tu vida
y tu muerte,
con tu arena
cayendo,
midiéndote
y vaciándote,
en el aire,
en el humo,
en las callejas rotas
del invierno.

Era en París, vivías
en los descalabrados
hoteles de los pobres.
España
se desangraba.
Acudíamos.
Y luego
te quedaste
otra vez en el humo

y así cuando
ya no fuiste, de pronto,
no fue la tierra
de las cicatrices,
no fue
la piedra andina
la que tuvo tus huesos,
sino el humo,
la escarcha
de París en invierno.

Dos veces desterrado,
hermano mío,
de la tierra y el aire,
de la vida y la muerte,
desterrado
del Perú, de tus ríos,
ausente
de tu arcilla.
No me faltaste en vida,
sino en muerte.
Te busco
gota a gota,
polvo a polvo,
en tu tierra,
amarillo
es tu rostro,
escarpado
es tu rostro,
estás lleno
de viejas pedrerías,
de vasijas
quebradas,
subo
las antiguas
escalinatas,
tal vez
estés perdido,

enredado
entre los hilos de oro,
cubierto
de turquesas,
silencioso,
o tal vez
en tu pueblo,
en tu raza,
grano
de maíz extendido,
semilla
de bandera.
Tal vez, tal vez ahora
transmigres
y regreses,
vienes
al fin
de viaje,
de manera
que un día
te verás en el centro
de tu patria,
insurrecto,
viviente,
cristal de tu cristal, fuego en tu fuego,
rayo de piedra púrpura.

Oda al verano

Verano, violín rojo,
nube clara,
un zumbido
de sierra
o de cigarra
te precede,

el cielo
abovedado,
liso, luciente como
un ojo,
y bajo su mirada,
verano,
pez del cielo
infinito,
élitro lisonjero,
perezoso
letargo,
barriguita
de abeja,
sol
endiablado,
sol terrible y paterno,
sudoroso
como un buey trabajando,
sol seco
en la cabeza
como un inesperado
garrotazo,
sol de la sed
andando
por la arena,
verano,
mar desierto,
el minero
de azufre
se llena
de sudor amarillo,
el aviador
recorre
rayo a rayo
el sol celeste,
sudor
negro
resbala

de la frente
a los ojos
en la mina
de Lota,
el minero
se restriega
la frente
negra,
arden
las sementeras,
cruje
el trigo,
insectos
azules
buscan
sombra,
tocan
la frescura,
sumergen
la cabeza
en un diamante.

Oh verano
abundante,
carro
de
manzanas
maduras,
boca
de fresa
en la verdura, labios
de ciruela salvaje,
caminos
de suave polvo
encima
del polvo,
mediodía,
tambor

de cobre rojo,
y en la tarde
descansa
el fuego,
el aire
hace bailar
el trébol, entra
en la usina desierta,
sube
una estrella
fresca
por el cielo
sombrío,
crepita
sin quemarse
la noche
del verano.

Oda a la vida

La noche entera
con una hacha
me ha golpeado el dolor,
pero el sueño
pasó lavando como un agua oscura
piedras ensangrentadas.
Hoy de nuevo estoy vivo.
De nuevo
te levanto,
vida,
sobre mis hombros.

Oh vida,
copa clara,
de pronto

te llenas
de agua sucia,
de vino muerto,
de agonía, de pérdidas,
de sobrecogedoras telarañas,
y muchos creen
que ese color de infierno
guardarás para siempre.

No es cierto.

Pasa una noche lenta,
pasa un solo minuto
y todo cambia.
Se llena
de transparencia
la copa de la vida.
El trabajo espacioso
nos espera.
De un solo golpe nacen las palomas.
Se establece la luz sobre la tierra.

Vida, los pobres
poetas
te creyeron amarga,
no salieron contigo
de la cama
con el viento del mundo.

Recibieron los golpes
sin buscarte,
se barrenaron
un agujero negro
y fueron sumergiéndose
en el luto
de un pozo solitario.

No es verdad, vida,
eres

bella
como la que yo amo
y entre los senos tienes
olor a menta.

Vida,
eres
una máquina plena,
felicidad, sonido
de tormenta, ternura
de aceite delicado.

Vida,
eres como una viña:
atesoras la luz y la repartes
transformada en racimo.

El que de ti reniega
que espere
un minuto, una noche,
un año corto o largo,
que salga
de su soledad mentirosa,
que indague y luche, junte
sus manos a otras manos,
que no adopte ni halague
a la desdicha,
que la rechace dándole
forma de muro,
como a la piedra los picapedreros,
que corte la desdicha
y se haga con ella
pantalones.
La vida nos espera
a todos
los que amamos
el salvaje
olor a mar y menta
que tiene entre los senos.

Oda al vino

Vino color de día,
vino color de noche,
vino con pies de púrpura
o sangre de topacio,
vino,
estrellado hijo
de la tierra,
vino, liso
como una espada de oro,
suave
como un desordenado terciopelo,
vino encaracolado
y suspendido,
amoroso,
marino,
nunca has cabido en una copa,
en un canto, en un hombre,
coral, gregario eres,
y cuando menos, mutuo.
A veces
te nutres de recuerdos
mortales,
en tu ola
vamos de tumba en tumba,
picapedrero de sepulcro helado,
y lloramos
lágrimas transitorias,
pero
tu hermoso
traje de primavera
es diferente,
el corazón sube a las ramas,
el viento mueve el día,

nada queda
dentro de tu alma inmóvil.
El vino
mueve la primavera,
crece como una planta la alegría,
caen muros,
peñascos,
se cierran los abismos,
nace el canto.
Oh tú, jarra de vino, en el desierto
con la sabrosa que amo,
dijo el viejo poeta.
Que el cántaro de vino
al beso del amor sume su beso.

Amor mío, de pronto
tu cadera
es la curva colmada
de la copa,
tu pecho es el racimo,
la luz del alcohol tu cabellera,
las uvas tus pezones,
tu ombligo sello puro
estampado en tu vientre de vasija,
y tu amor la cascada
de vino inextinguible,
la claridad que cae en mis sentidos,
el esplendor terrestre de la vida.

Pero no sólo amor,
beso quemante
o corazón quemado
eres, vino de vida,
sino
amistad de los seres, transparencia,
coro de disciplina,
abundancia de flores.
Amo sobre una mesa,

cuando se habla,
la luz de una botella
de inteligente vino.
Que lo beban,
que recuerden en cada
gota de oro
o copa de topacio
o cuchara de púrpura
que trabajó el otoño
hasta llenar de vino las vasijas
y aprenda el hombre oscuro,
en el ceremonial de su negocio,
a recordar la tierra y sus deberes,
a propagar el cántico del fruto.

Notas

HERNÁN LOYOLA

Índice
de primeros versos

Abreviaturas

AEV   Asociación de Escritores Venezolanos.
BC   Biblioteca Contemporánea, colección de Editorial Losada.
BCC   Biblioteca Clásica y Contemporánea, la misma con nuevo nombre.
CGN   Neruda, *Canto general*, 1950.
CHV   Neruda, *Confieso que he vivido*, Barcelona, Seix Barral, 1974.
CPEA   Colección Poetas de España y América, Editorial Losada.
OC   Neruda, *Obras completas,* Editorial Losada, 1957, 1962, 1968, 1973.
OEL   Neruda, *Odas elementales*, 1954.
UVT   Neruda, *Las uvas y el viento*, 1954.
VPA   Neruda, *Veinte poemas de amor y una canción desesperada*, 1924.

Referencias bibliográficas

Anderson — David G. Anderson, *On Elevating The Commonplace. A Structuralist Analysis of the «Odas» of Pablo Neruda*, Valencia, Albatros Hispanófila Ediciones, 1987.

Concha 1982 — Jaime Concha, «Introducción» a Pablo Neruda, *Odas elementales*, Madrid, Cátedra, 1983, pp. 13-56.

Loyola 1994 — Hernán Loyola, «Neruda entre modernidad y posmodernidad», en Luis Íñigo Madrigal, ed., *Los Premios Nobel de Literatura Hispanoamericanos*, Ginebra, Éditions Patiño, 1994, pp. 39-56.

Loyola 1995 — Hernán Loyola, voz «Neruda, Pablo», en *Diccionario Enciclopédico de las Letras de América Latina*, Caracas, Fundación Biblioteca Ayacucho, 1995, pp. 3360-3373.

Loyola 1998 — Hernán Loyola, «Neruda 1956-1973: la modulación posmoderna del compromiso político», en C. Poupeney Hart y M. Sarfati-Arnaud, eds., *Pablo Neruda. Mitos y personaje*, Ottawa, Girol Books, 1998, pp. 30-59.

Neruda 1964 — Pablo Neruda, «Algunas reflexiones improvisadas sobre mis trabajos».

Pring-Mill 1970 — Robert Pring-Mill, «La elaboración de la cebolla», en *Actas del III Congreso Internacional de Hispanistas*, México, 1970.

Pring-Mill 1979 — Robert Pring-Mill, «El Neruda de las *Odas elementales*», en A. Sicard, ed., *Coloquio internacional sobre Pablo Neruda*, Poitiers, CRLA, 1979, pp. 261-300.

Pring-Mill 1990 — Robert Pring-Mill, «The Building of Neruda's "Oda al edificio"», en Gisela Beutler, ed., *«Sieh den Fluss der Sterne strömen». Hispanoamerikanische Lyrik der Gegenwart*, Darmstadt, 1990, pp. 128-222.

Sicard — Alain Sicard, *El pensamiento poético de Pablo Neruda*, Madrid, Gredos, 1981.

Teitelboim   Volodia Teitelboim, *Neruda*, 5.ª edición, Santia-
                    go, ediciones BAT, 1992.

Varas   José Miguel Varas, *Nerudario*, Santiago, Planeta
                    Chilena, 1999.

Odas elementales

Composición

Neruda y Matilde vivieron en Sant'Angelo, isla de Ischia, las últimas semanas de su «luna de miel» en Italia (que había comenzado en enero de 1952 con la instalación de la pareja en Capri). Por disposición del gobierno –tributo a la Guerra Fría– Neruda debía abandonar el territorio italiano antes del 30 de junio de 1952. El poema «El hombre invisible» fue fechado en Sant'Angelo cuando faltaban pocos días al vencimiento del plazo: el 24 de junio. Ese texto enfatizó el necesario retorno del poeta –tras esos meses de plenitud privada en las islas– a los asuntos públicos con un nuevo autorretrato. El Hombre Invisible fue en realidad otra tentativa de actualización y perfeccionamiento del Yo Soy de *Canto general*, XV, paralela a las configuradas por el Capitán (*Los versos del Capitán*) y por el Errante Cronista Americano (*Las uvas y el viento*). Dentro del mismo espíritu escribió Neruda por entonces el poema «Hablando en la calle» (después «Oda al hombre sencillo»), que algunos meses más tarde fue publicado en *El Nacional* de Caracas (16.10.1952). Al respecto evocará Neruda en su notoria conferencia de 1964:

> Otra vez volvió a mí la tentación muy antigua de escribir un nuevo y extenso poema. Fue por una curiosa asociación de cosas. Hablo de las *Odas elementales*. Estas Odas, por una provocación exterior, se transformaron otra vez en ese elemento que yo ambicioné siempre: el de un poema de extensión y totalidad. La incitación provocativa vino de un periódico de Caracas, *El Nacional*, cuyo director, mi querido compañero Miguel Otero Silva, me propuso una colaboración semanal de poesía. Acepté, pidiendo que esta colaboración mía no se publicara en la página de Artes y Letras, en el Suplemento Literario, desgraciadamente ya desaparecido, de ese gran diario venezolano, sino que lo fuese en sus páginas de crónica. Así logré publicar una larga historia de este tiempo, de las cosas, de los oficios, de las gentes, de las frutas, de las flores, de la vida, de mi visión, de la lucha, en fin, de todo lo que podía englobar de nuevo en un vasto impulso cíclico mi creación. Concibo, pues, las *Odas elementales* como un solo libro al que me llevó otra vez la tentación de ese antiguo poema que empezó casi cuando comenzó a expresarse mi poesía.

El original de «Hablando en la calle», conservado sin indicaciones de fecha ni de lugar, probablemente fue escrito también en Sant'Angelo. O bien durante las semanas sucesivas, mientras Pablo y Matilde se alojaban en Vésenaz, un pueblito sobre el lago Leman en las cercanías de Ginebra. Allí esperaron el día en que debían viajar hasta Niza para embarcarse en el *Giulio Cesare* rumbo a Montevideo. El 19 de julio de 1952, precisamente en «Vésenaz, Suiza, Pensión Sillieron», fechó Neruda la primera de las odas con esa etiqueta: «Oda a un reloj en la noche». Todo parece indicar que fue este texto el que decidió el nombre de *odas* (elementales) para el naciente proyecto poético del Hombre Invisible. Curiosamente, esta oda inaugural tuvo un tono intimista y privado que no fue el que dominó durante la escritura de las dos primeras compilaciones de odas, más bien atentas al nivel militante y público. Una vela de armas previa a la batalla.

Los tres textos mencionados −«El hombre invisible», «Hablando en la calle» y «Oda a un reloj en la noche»− fueron por lo tanto escritos en Europa, antes del regreso de Neruda a Chile en agosto de 1952. La escritura de las odas recomenzó a fines de noviembre del mismo año en Isla Negra (odas al mar, al aire), pero fue de nuevo interrumpida en diciembre por un viaje del poeta a la Unión Soviética. Durante el regreso, «entre Recife y Río de Janeiro / a 3500 mts de altura», compuso Neruda su «Oda a la tristeza». O más bien su exorcismo de la tristeza, porque era el 29 de diciembre de 1952 y el poeta estaba por hacer una escala clandestina en Montevideo, donde Matilde lo esperaba. Iban a esperar juntos el Año Nuevo de 1953 con la complicidad de Alberto y Olga Mántaras, uruguayos, amigos de la pareja de amantes desde el viaje que habían hecho juntos en el *Giulio Cesare* algunos meses antes. Los Mántaras pusieron a disposición de los enamorados su chalet en Atlántida (playa a unos 40 km de Montevideo). Allí, durante enero de 1953, escribió Neruda las odas a la flor, al pan, a la tormenta, a la claridad, cuyos manuscritos originales fueron fechados entre el 7 y el 16 de enero en *Datitla*, por Atlántida. (La historia de la amistad entre Neruda y Alberto Mántaras es el tema del capítulo «Aquellos anchos días» en Varas,* pp. 131-176.)

Robert Pring-Mill ha establecido que el siguiente bloque de originales conocidos fue escrito en Santiago entre julio y octubre de 1953, una vez liberado el poeta de los afanes que le depararon la organización, la realización misma y las secuelas del Congreso Continental de la Cultura (mayo). Este nuevo bloque incluyó las odas al otoño, a Ángel Cruchaga, a la crítica, a la pobreza, al traje, al amor.

---

* Véase «Referencias bibliográficas», pp. 233-234.

Entre fines de octubre de 1953 y comienzos de marzo de 1954 Neruda estableció su base en Isla Negra para atravesar el verano escribiendo odas a los números, a la pareja, a la soledad, a la flor azul, al libro (I), al vino, a la pereza, a la tranquilidad, a la intranquilidad, al fuego, al tiempo, a las Américas, al cobre, a la alegría, a la cebolla, al pasado, al invierno, a la esperanza. Y para preparar las cinco charlas autobiográficas que leyó en el Salón de Honor de la Universidad de Chile, Santiago, entre los días 20 y 28 de enero de 1954 (anticipando la celebración del cumpleaños número 50). Durante ese verano Neruda encontró el modo de dividir su tiempo entre Delia y Matilde, desplazándose –cuando venía a Santiago– entre las casas llamadas Michoacán (Delia), en avenida Lynch del barrio Los Guindos, y La Chascona (Matilde), en vías de construcción al pie del cerro San Cristóbal; y la casa de Isla Negra cuando tornaba a su base marina.

En marzo la hostilidad norteamericana contra el gobierno revolucionario de Jacobo Arbenz, que devino clara amenaza tras la Conferencia Panamericana de Caracas, determinó la escritura de la «Oda a Guatemala». La operación militar contrarrevolucionaria comenzó a mediados de junio y terminó el 9 de julio cuando las tropas del siniestro Castillo Armas entraron en la capital. Esa revolución derrotada tuvo como testigo de excepción a un joven médico argentino que pocos años más tarde será actor (co-protagonista) de una revolución victoriosa: Ernesto *Che* Guevara.

Neruda escribió su «Oda a los poetas populares» para leerla durante la sesión inaugural del Congreso Nacional de Poetas y Cantores Populares (Santiago de Chile, 15-18 abril, 1954), otra de las iniciativas que dieron forma y actuación a la poética-política del Hombre Invisible. Por esos mismos días (el 16 de abril) fechó Neruda una de las más célebres entre las odas del volumen, la dedicada a la alcachofa.

[Sobre las *Odas elementales* en general, y sobre este primer volumen en particular, véanse: — (1) Concha 1982; — (2) Pring-Mill, 1979; pp. 261-300; — (3) Anderson 1987.]

Ediciones

(1) *Odas elementales*, Buenos Aires, Losada, 1954 (julio), 254 pp., CPEA.* Reedición CPEA: 1959.

(2) *Odas elementales*, en Pablo Neruda, *Obras completas*, Buenos

* Véase «Abreviaturas», p. 232.

Aires, Losada, 1957, pp. 813-996. Sucesivas ediciones de *OC*: 1962, 1968, 1973.

(3) *Odas elementales*, Buenos Aires, Losada, 1958 (diciembre), 231 pp., BC, núm. 280. Reediciones BCC: 1967, 1970, 1977, 1985, 1991.

(4) *Odas elementales*, Barcelona, Seix Barral, 1977, BB, núm. 406.

(5) *Odas elementales*, Barcelona, Bruguera, 1980 (dos ediciones).

(6) *Odas elementales*, Bogotá, La Oveja Negra, 1982. 2.ª edición: 1988.

(7) *Odas elementales*, Barcelona, Planeta, 1990.

Ediciones parciales

(1) *Odas elementales*, Cauquenes, Chile, Talleres Gráficos La Verdad, 1954 (marzo), 20 pp. Odas incluidas: «al mar», «al pan», «al hombre sencillo», «a la fertilidad de la tierra». Dedicatoria del autor:

> Dedico esta primera edición de estas *Odas elementales* al pueblo, a la ciudad, al alcalde Gustavo Cabrera Muñoz, a los campesinos, a las viñas y bosques de Cauquenes y Parral. Julio, 1953.

Autorizar esta edición modesta y provinciana fue para Neruda, en aquella fase, la sola vía practicable para dar una forma concreta al reconocimiento de la tierra natal. Una vía extratextual, fuera de la escritura poética misma, puesto que Neruda en Parral nació pero nunca vivió. A diferencia del Sur de la infancia, el espacio de origen no tenía colocación válida en la autobiografía mítica, progresiva, que acababa de culminar en el Hombre Invisible, o sea en el tan perseguido cumplimiento del Yo Soy. Cauquenes era entonces la capital de la ex-provincia de Maule, que incluía a Parral.

(2) *Odas / al libro / a las Américas / a la luz*, Caracas, edición de la AEV, 1959, 26 pp. Opúsculo editado en 500 ejemplares fuera de comercio, homenaje de la AEV a Pablo Neruda con motivo de su visita a Caracas (enero 1959). En la tapa y en la portadilla se lee «[Oda] a la luz», pero el texto correspondiente es la «Oda a la claridad».

Anticipaciones

ODA AL HOMBRE SENCILLO. — (1) «Hablando en la calle», *El Nacional*, Caracas, 16.10.1952. — (2) «Hablando en la calle», *El Siglo*, Santiago, 27.9.1953.

EL HOMBRE INVISIBLE. — (1) *Pro-Arte*, núm. 160, Santiago, 28.11.1952. — (2) Pablo Neruda, *Poesía política*, antología organizada por Margarita Aguirre, Santiago, Austral, 1953, vol. II.

ODA A LA TRISTEZA. *Diario de Noticias*, Río de Janeiro, 18.1.1953.

ODA A LA MADERA. *La Prensa*, Buenos Aires, 21.6.1953.

ODA A ÁNGEL CRUCHAGA. «Oda para Ángel Cruchaga», fechada «Hoy, viernes 31 de julio de 1953», poema-prólogo a *Pequeña Antología de Ángel Cruchaga Santa María*, Santiago, Talleres de la Escuela Nacional de Artes Gráficas, 1953, 186 pp.

ODA A LA POESÍA. *Letras del Ecuador*, núm. 86-89, Quito, septiembre-diciembre 1953.

ODA AL AIRE. Tres hojas mimeografiadas, sin indicación de editor, distribuidas durante la última sesión del Ciclo de Conferencias Mi Poesía, Escuela de Verano de la Universidad de Chile, Salón de Honor, en Santiago, enero 1954.

ODA AL ÁTOMO. *El Siglo*, Santiago, 18.4.1954.

ODAS: A LA ALEGRÍA. A LA POBREZA. AL EDIFICIO. *El Siglo*, Santiago, 30.4. 1954.

ODA A GUATEMALA. *Aurora*, núm. 1, Santiago, julio 1954.

ODAS ELEMENTALES: AL VERANO. A LA LLUVIA. A LA PRIMAVERA. AL AIRE. HABLANDO EN LA CALLE. AL MURMULLO. *Letras del Ecuador*, núm. 96-99, Quito, julio-octubre 1954. Esta publicación incluye un retrato de Neruda por Guayasamín.

ODA A LA TRANQUILIDAD. *Revista Bancaria*, Santiago, 1954.

Los textos: algunas observaciones

Si el universo ordinario y cotidiano de las *odas* no fue una sorpresa en el itinerario de Neruda (pues arrancaba de la ya lejana poética de *Residencia* y en particular del artículo-manifiesto «Sobre una poesía sin pureza» de 1935), fue también evidente que el título mismo del primer libro de la serie, *Odas elementales*, traía resonancias –y no sólo formales– de los «Tres cantos materiales» de *Residencia 2*. Resonancias a mi entender inevitables en un poeta cuyo originario, natural y persistente «materialismo poético» juvenil se había reforzado con el «materialismo histórico», de orientación marxista, que el movimiento comunista internacional reconocía como guía y motor de su praxis política y que también Neruda reconoció –inequívocamente, aunque eludiendo el uso explícito del término– como guía y motor de su praxis poética durante esos años 1948-1955 en que escribió casi dos tercios de *Canto general*, *Las uvas y el viento*, *Los versos del Capitán* y los dos primeros libros de las *Odas*.

Desde esta perspectiva, mi convicción es que en aquel momento el término *elementales* fue para Neruda una variante del término *materiales*. Variante poéticamente ventajosa por al menos dos razones: (1) porque ofrecía mejores posibilidades de significar los niveles de experiencia humana, social y cultural, que al proyecto de Neruda interesaban; y (2) porque desde aquel 1934-1935 de los «Tres cantos» las implicaciones histórico-políticas (es decir, *militantes*) del término *materiales* habían adquirido –sobre todo en el actual contexto de la Guerra Fría– un relieve singular y dominante que ahora Neruda no tenía interés en subrayar, antes bien tenía interés en eludir para no perjudicar la eficacia poética y comunicativa de las *Odas*. En breve: *elementales* era en aquel momento la variante ideal del término *materiales* porque en algún modo lo incluía –y ello era importante para el muy militante Neruda de entonces– sin sus desventajas contingentes.

Pero al mismo tiempo me parece válida la reserva que desde otro ángulo esgrimió Jaime Concha: «La rima es engañosa en este punto, pues, como a menudo ocurre en Neruda, los ecos temporales de sus títulos no miran al pasado sino que despliegan –desdoblan– proyectos radicalmente diferentes. Tal es la relación entre *Crepusculario*, su libro adolescente de 1923, y *Estravagario*, que en 1958 aspira a condensar una nueva adolescencia del poeta, madura y otoñal. Igual cosa sucederá con las mismas *Odas elementales* y los posteriores *Cantos ceremoniales* (1961). En cuanto a los "Cantos materiales" y las *Odas elementales*, no hay ilusión posible. Los poemas de la *Residencia 2* son himnos y, como tales, postulan una relación de absoluta reverencia al fundamento telúrico de la vida y del cosmos. No sin razón un ensayista venezolano, M. Picón-Salas, los veía emparentados con himnos dionisíacos. En las *Odas*, por el contrario, se trata de una relación de yo a tú entre el poeta y los objetos que, como veremos, pertenecen a un universo ya pacificado, en equilibrio y en armonía como para sostener un diálogo tierno, a veces travieso y juguetón, con la figura que los convoca. El tono, la voz, la vibración son completamente distintos, incluso opuestos. Y ello determina que se trate de géneros, de especímenes también distintos» (Concha 1982, pp. 19-20).

La intención celebrativa, frecuente en las odas clásicas (antiguas, renacentistas, neoclásicas, románticas) e implícita en el proyecto inicial de las *odas* nerudianas, pareció además atenuada o reajustada por el término *elementales*. De la oda pindárica Neruda recogió en efecto la dimensión pública o cívica pero rechazando programáticamente la tipología *alta* –aristocrática, heroica, triunfante– de los destinatarios de la exaltación. Sus odas eran *elementales* en cuanto eran relativas «a lo fundamental, a lo primordial, a lo humano genérico, a lo que a todos concierne» (como precisa Saúl Yurkievich en su prólogo al volumen II de *Obras completas*, Galaxia Gutenberg, 1999, p. 11). De la oda horaciana las de Neruda habrían heredado la propensión reflexiva y edificante, en sentido ético-político, y el recurso al apóstrofe. Tales modelos clásicos, con toda probabilidad, operaron por vía indirecta sobre un Neruda que nunca pareció particularmente interesado en la cultura grecolatina pero que sí fue, toda su vida, un activo indagador y conocedor de los poetas clásicos franceses, ingleses y angloamericanos, españoles e hispanoamericanos.

En este primer libro de las *Odas* coaguló el máximo esfuerzo de Neruda hacia el reajuste y coronación de su poética *moderna avanzada* que había tenido comienzo en 1924 con los *Veinte poemas de amor* (y que inesperadamente llegará a su fin en 1956 con las *Nuevas odas elementales* para ceder paso a una poética nerudiana radicalmente diversa, *posmoderna*, que el *Tercer libro de las odas* inaugurará en 1957). El aludido reajuste se refiere a la distinción entre *alta* y *baja cultura* que el arte y la literatura de la modernidad del siglo XX, en particular durante la fase del despegue subversivo (1920-1935, la fase de las vanguardias), se empeñaron en establecer y sostener como principio de base. El *aristocratismo* del lenguaje y de la expresión (en la *Residencia* de Neruda como en el *Ulysses* de Joyce, en la *Metamorfosis* de Kafka como en el *Trilce* de Vallejo o en el *Poeta en Nueva York* de Lorca, incluso como en el primer Borges) fue en efecto la contrapartida dialéctica de un *democratismo* de fondo y sustancial. Esa fase de la poética *moderna* de Neruda alcanzó su mejor o más explícita formulación en el prólogo de *El habitante y su esperanza* (1926): «Yo tengo siempre predilecciones por las grandes ideas, y aunque la literatura se me ofrece con grandes vacilaciones y dudas, *prefiero no hacer nada a escribir bailables o diversiones*. [...] Como ciudadano, soy hombre tranquilo, enemigo de leyes, gobiernos e instituciones establecidas. Tengo repulsión por el burgués y me gusta la vida de la gente intranquila e insatisfecha, sean éstos artistas o criminales». La perfecta compatibilidad entre aristocratismo y democratismo (de tipo anárquico en ese tiempo) fue también una característica de la modernidad literaria del joven Neruda.

Las *Odas* uniformaron la tentativa, ya muy visible en *Las uvas y el viento* y en *Los versos del Capitán*, de atenuar la distinción entre alta y baja cultura, pero sin renunciar a –antes bien vigorizando– los ideales artísticos y políticos de la modernidad del siglo XX. Se trataba de realizar cabalmente el propósito de *escribir para el pueblo* (ya declarado en *Canto general*) disminuyendo por un lado las dificultades de la lectura, por otro enriqueciéndola de horizontes. En el primer sentido Neruda generalizó la disposición –antes incidental– de los textos en versos cortos (y cortísimos), lo cual en buenas cuentas no fue una revolución métrica sino la fragmentación más o menos arbitraria y deliberada de los metros nerudianos de siempre. (Pero no excluyo que esta generalización del recurso a versos breves respondiera también a la intención de adaptar la forma de las *Odas* a la forma «columna» del periódico *El Nacional* de Caracas, para el cual inicialmente las escribía.) En el segundo sentido las *Odas* se propusieron la sistemática *desfamiliarización* de los objetos de la realidad cotidiana, con efectos de lectura que Andrew Debicki ha descrito así: «La mayor parte de nosotros llevamos una existencia minuciosamente organizada, sujeta a rutinas, muy separada de la naturaleza. El mundo en que habitamos es un mero ambiente impersonal, y no una realidad viva con la que pudiéramos compenetrarnos. Al hacernos sentir que una cebolla puede representar más que un número dado de calorías, que un árbol es más que el material para una mesa, que un caballo es más que una fábrica de estiércol, *Neruda nos comunica una visión que trasciende y corrige nuestra perspectiva pragmática*» (citado en Anderson, p. 66; la cursiva es mía).

EL HOMBRE INVISIBLE. (Páginas 13-19.) «Esos *viejos poetas*, ese *antiguo hermano* de que habla en su poema inicial es el rostro del poeta tradicional, qué duda cabe, pero es igualmente él mismo en el pasado, sobre todo el poeta crepuscular de sus versos juveniles o el individuo sufriente de *Residencia en la tierra*» (Concha 1982, p. 30). La autocrítica, si bien risueña, no era explícita porque el Sujeto de las *Odas* tenía mucho interés en rechazar su pasado textual y en proponerse recién nacido a una nueva identidad, la del Yo Soy: «Sube a nacer conmigo, hermano» había dicho en «Alturas de Macchu Picchu» (*Canto general*, II, XII). — Aíslo dos momentos del texto: «todos los días come pan / pero no ha visto nunca / un *panade-*

ro» y «me tiendo en el pasto, pasa / un insecto *color de violín*», para señalar una curiosa y significativa convergencia de los mismos términos aquí subrayados en un texto de casi 30 años antes: «yo tengo la alegría de los *panaderos* contentos y entonces / amanecía débilmente con un *color de violín*» (poema 14, penúltimo de *Tentativa del hombre infinito*, 1925). En este período Neruda recurrió a menudo a la imagen del *violín* para sugerir –en conexión con la resonancia intimista que para él tenía el instrumento– dimensiones de belleza delicadas y a la vez agudas, intensas y penetrantes (las figuras del *piano* y de la *guitarra* cubrieron otras dimensiones). Varias veces, sin ir más lejos, en este primer libro de las *Odas* (remito a páginas del presente volumen de *Odas elementales*): «[Invierno] tú reinas / con tu espada, / con tu violín helado» (p. 103), «[la lluvia] violín negro» (p. 122), «bajo el violín quebrado / de las ráfagas» (p. 161), «una hoja / iba sola en el aire, / como un violín volante» (pp. 206-207), «Verano, violín rojo» (p. 222). Al respecto, además, léanse los recuerdos de Neruda sobre la proustiana «frase de la sonata de Vinteuil» (que sería la sonata para piano y violín de César Franck) en *CHV*, pp. 137-139.

ODA AL AIRE. (Páginas 19-23.) Fechada el 30.11.1952 en Isla Negra (éste y los sucesivos datos cronológicos de la *Odas* los debo a Robert Pring-Mill). Sería la primera de estas odas escrita en Chile tras el regreso desde Europa. — El apóstrofe aparece aquí introducido por un asomo de narración, recurso que las odas sucesivas (a la alegría, a la cebolla, al fuego, al pájaro sofré...) eludirán. La peculiar licencia de *apóstrofe* que el Sujeto se autoconcedió en los primeros libros de las *Odas*, caracterizada por una cierta impostación de superioridad o privilegio, resultaría de su convicción (que se revelará transitoria) de haber alcanzado la plena legitimación «profética» tanto perseguida desde los textos de *Residencia* (donde el apóstrofe tenía otro tono y origen).

ODA A LA ALEGRÍA. (Páginas 25-28.) Fechada el 29.12.1953, exactamente un año después de la «Oda a la tristeza». El sentimiento de plenitud se expresa también como despliegue virtuosístico de juegos rítmicos, sobre todo de tipo reiterativo, particularmente abundantes en esta oda. Por ejemplo, juegos de paralelismos y simetrías a través de variaciones *anafóricas* («Como la tierra... Como el fuego... Como el pan... Como el agua de un río... Como una abeja... » o bien «quiero ir de casa en casa, / quiero ir de pueblo en pueblo, / de bandera en bandera») o de variaciones *epifóricas* («A las islas iremos, / a los mares. / A las minas iremos, / a los bosques»).

ODA A LAS AMÉRICAS. (Páginas 28-31.) Fechada el 7.12.1953 y

conexa a la tensión continental determinada por la política latinoa-
mericana (en clave anticomunista) del gobierno de los EE.UU., fa-
vorable a dictaduras como la de Fulgencio Batista en Cuba (al po-
der por el *golpe* de 1952) y hostil a gobiernos progresistas de iz-
quierda como los de Arévalo y Arbenz en Guatemala. La edición
príncipe de 1954 traía «Muere un Machado y un *Bautista* nace» (en
vez de Batista), seguramente por errata.

ODA AL AMOR. (Páginas 31-33.) Fechada el 19.10.1953. Como en
otras odas, el apóstrofe al amor es aquí el vehículo secreto y clandes-
tino para un poema de amor dedicada a la figura femenina que este
texto convoca («he aquí que aquella / que pasó por mis brazos / como
una ola, / [...] / y la encontré en mi piel / desenlazándose / como la ca-
bellera de una hoguera») con rasgos que en el extratexto correspon-
den a los de Matilde Urrutia, amante pasajera del verano chileno
de 1945-1946 y reencontrada en México en 1949 (véanse mis notas
a *Las uvas y el viento* en el volumen 7 de esta edición).

ODA AL ÁTOMO. (Páginas 34-38.) Escrita a fines de marzo 1954.
En el contexto de la Guerra Fría, del maccarthysmo y de la guerra
de Corea, esta oda quiso ser un testimonio del poeta que en diciem-
bre de 1953 había recibido el premio Stalin por la Paz. En un con-
texto más general, esta oda reafirmó todavía la confianza en el
Progreso Científico y Tecnológico como condición y base de la
Emancipación Histórica del Hombre y de la construcción de la Ciu-
dad Futura (la Utopía moderna por antonomasia), pero reafirman-
do también al mismo tiempo, y con angustiada determinación, el
rasgo que específicamente caracterizó a la modernidad del siglo XX:
la confianza en la capacidad y en la voluntad humanas de *corregir*,
rectificar e impedir los errores, desastres y tragedias provocados por
el uso distorsionado y por la manipulación ávida (interesada sólo a
ganar dinero) de las conquistas de la ciencia. Mientras escribía estas
Odas elementales, para Neruda era evidente que la Unión Soviética
y el bloque de países socialistas representaban y propugnaban este
espíritu tendiente a la rectificación de los errores y a la aceleración
del proceso histórico que marchaba hacia la Utopía. Tal convicción,
en cuanto fundamento de su praxis poética de entonces, sufrirá un
drástico reajuste a partir del *Tercer libro de las odas* (1957).

ODA A LAS AVES DE CHILE. (Páginas 39-42.) Motivo permanen-
te en la poesía de Neruda, temprana fuente de inspiración simbóli-
ca: «de mí huían los pájaros» (*VPA*). Precedentes: *CGN*, VII, XI
(«Chercanes / Loica / Chucao») y XIV, XX, XXII y XXIII («Las aves
maltratadas», «Phalacro-corax» y «No sólo el albatros»).

ODA A LA CEBOLLA. (Páginas 46-48.) Fechada el 31.12.1953,

probablemente inspirada por la preparación de la cena de Año Nuevo. «Esta oda de cambios de tono tan logrados muestra además [...] un rasgo que no se deja resumir en ninguna palabra española que yo conozca, pero sí en una sola palabra inglesa, *whimsy*. Esta *whimsicality* [...] consiste, por decirlo así, en una delicada aleación de humorismo, de nostalgia agridulce pero irónica (con un sí-es-no-es de caprichoso) y de agudeza en las percepciones» (Pring-Mill, 1970, p. 750).

ODA AL DÍA FELIZ. (Páginas 61-62.) Fechada el 10.1.1953 en *Datitla*, Uruguay. Otra constante en la poesía de Neruda: el recorte del instante de plenitud, la operación de aislar «un círculo en la estrella» (*UVT*, XI, I) o «Un día» (*UVT*, XI, v). Muchos precedentes, desde los textos de adolescencia. En *Residencia*: «cuando sólo una hora / crece de improviso, extendiéndose sin tregua» («Galope muerto»); «Qué día ha sobrevenido!» («Caballo de los sueños»); «así, plateado, frío, se ha cobijado un día, / frágil como la espada de cristal de un gigante» («Monzón de mayo»); un caso significativo en *CGN*, II, II: «Cuántas veces [...] / me quise detener a buscar la eterna veta insondable / que antes toqué en la piedra o *en el relámpago que el beso desprendía*» («Alturas de Macchu Picchu»). En estas *Odas elementales*, también la «Oda al tercer día».

ODA AL EDIFICIO. (Páginas 62-64.) Texto emblemático –con la «Oda al átomo» y la «Oda a la energía»– de un momento de máxima identificación del poeta con la axiología de la Modernidad III o del siglo XX (ver Loyola 1994, 1995, 1998) y de resolución, dentro de esta óptica, de los conflictos *naturaleza / cultura* por una parte, *individuo / sociedad* por otra. — Un importante estudio: Pring-Mill, 1970, pp. 198-222. Véase mi nota a la «Oda al átomo».

ODA A LA ENVIDIA. (Páginas 67-72.) Ver también, en este mismo volumen, los poemas «Tráiganlo pronto», de *Estravagario*, y «Para la envidia», de *Memorial de Isla Negra*, II.

ODA A LA FERTILIDAD DE LA TIERRA. (Páginas 73-76.) «Al emprender [...] la exaltación de la fertilidad de la tierra, Neruda se ve arrastrado irresistiblemente a componer un arte poética. El deslizamiento [desde el] "*yo, poeta*" al "*yo, materia*" contiene implícitamente esa orientación [...]. Siendo materia el poeta, el principio de su canto será la fertilidad. Él mismo será el terreno donde, mediante un proceso obscuro para la consciencia, se elabora el texto [...]. El trabajo de la escritura [...] tan sólo es la parte visible de ese trabajo subterráneo, de esa germinación secreta cuyo ámbito permanente es el poeta (entiéndase: su lenguaje). [...] Al final, el poema se reabsorbe en sí mismo y pone de manifiesto la paradoja del arte poética que halla en su objeto –la fertilidad– su verdadero sujeto: "[...] no puedo describirte, / ven a mí, / fertilízame". Esa confesión y esa llamada son esenciales. Toda la poesía de Neruda está marcada por el deseo de unirse más estrechamente al crecimiento que la produce. Por consiguiente, más que la musicalidad, la define el ritmo» (Sicard, 573-574).

ODA A LA FLOR AZUL. (Páginas 78-80.) Escrita en noviembre (1953), como advierte el texto mismo. Comparar con la «Oda a las flores de la costa», de *Nuevas odas elementales*, y con la «Oda a unas flores amarillas» del *Tercer libro de las odas*: tres diversas modulaciones del motivo de la germinación invencible.

ODA AL HOMBRE SENCILLO. (Páginas 95-98.) El ideal poético de la transparencia –equivalente al sueño de «la total comunicación del poeta con los hombres»– implicaba esta contradicción: «al reducirse a la dimensión de la comunicación exclusivamente, la poesía se priva, paradójicamente, de su poder específico de comunicación. Al confundirse con las otras formas del trabajo humano, al renunciar a lo que constituye su diferencia, el trabajo poético se niega a sí mismo en tanto que trabajo. [...] Lo cierto es que la praxis del poeta de las *Odas elementales* desmiente sin cesar su estética, entre 1948 y 1958: aun solemnemente desterrado del poema, el *yo* nerudiano afirma maliciosamente su presencia a la vuelta de cada verso» (Sicard, 610-611).

ODAS AL LIBRO I-II. (Páginas 116-121.) Estos dos poemas desarrollaron, en el contexto nerudiano del período, los polos de una contradicción (axiológica) irresuelta que fue característica en la literatura tardía de la última modernidad. La primera de las dos odas suponía la afirmación de la vida real y de la experiencia inmediata (auténtica) por encima de su representación literaria. La segunda rescataba el significado del libro, sea en cuanto hermoso objeto elaborado por el hombre, sea en cuanto factor de conocimiento y, por ello, de progreso. Los conflictos del intelectual *moderno* (tardío) frente a la difícil convivencia de Vida y Razón fueron el tema de no pocos libros (y filmes) de los años cincuenta y sesenta. Uno por todos: *Rayuela* de Julio Cortázar.

ODA A LA LLUVIA. (Páginas 121-126.) Otro texto que manifiesta una óptica de conflicto entre la Vida (memoria de la Vida en este caso) y la Razón humanista. Conflicto que –respecto al motivo de la lluvia– pocos años más tarde será soslayado o ignorado por libros como *Estravagario* («Galopando en el Sur») y *Memorial de Isla Negra* (volumen I: «Primer viaje»).

ODA A LA MALVENIDA. (Páginas 130-131.) Las menciones de *rosa* y de *callejones*, entre otras, parecen sugerir que la destinataria de este poema (reproche a una amante que vuelve a destiempo) sería Albertina Rosa Azócar, referente extratextual de una importante figura femenina de los libros juveniles de Neruda. Véanse mis notas a *Veinte poemas de amor* y a *Residencia en la tierra* en los volúmenes 2 y 4 respectivamente de esta edición, y más adelante, en el volumen 16, los poemas «Amores: Rosaura» (I y II) de *Memorial de Isla Negra*, II.

ODA AL MAR. (Páginas 131-135.) Fechada en Isla Negra el 28.11.1952, fue la primera oda escrita en Chile al retorno del exilio. El océano como tema de (nuevo) arranque fue casi una obviedad tratándose de Neruda. La modulación del apóstrofe, entre el amor y la admonición, adquirió en esta oda un relieve singular en cuanto signo de la percepción que entonces tenía el Sujeto de la oposición (característicamente *moderna*) entre naturaleza e historia (progreso, utopía). La entusiasta sinceridad de las convicciones del poeta al respecto determinó, en aquel momento, la configuración particularmente feliz de una temática nada fácil de representar y formular en poesía. El filme italiano *Il Postino*, de Massimo Troisi, dio nueva notoriedad en 1994 a los versos iniciales de esta oda (aludo a la escena en que el poeta imparte a Mario, al borde del mar, una lección de poesía). Un comentario del texto en Sicard, pp. 475-477.

ODA A MIRAR PÁJAROS. (Páginas 136-140.) Ver arriba la nota a «Oda a las aves de Chile».

ODA A LA NOCHE. (Páginas 144-146.) La Noche fue siempre una figura simbólica central en la poesía de Neruda. Axiología normalmente positiva: espacio (materno) de refugio y sostén para la tarea profética, espacio del amor y de los sueños. Lo que ha cambiado es su correlación con la figura del Día. En *Residencia*, la Noche es la aliada que sostiene, fortalece y defiende al Sujeto en su difícil travesía del Día hostil, duro y agresivo, imagen de la Realidad [véanse mis notas a «Alianza (sonata)», «Serenata» y «Tiranía»]; aquí, en cambio, el Día es «el milagro» que la Noche da a luz. Lo cual supone una reconciliación con la Realidad.

ODA AL PÁJARO SOFRÉ. (Páginas 153-156.) Jorge Amado evoca indirectamente el «extratexto» de esta oda en su libro de memorias *Navegación de cabotaje* (Madrid, Alianza Tres, 1994): «Hugo del Carril tenía que salir de viaje y nos pidió que le guardáramos por unos días su pájaro-sofré. Lo había comprado en Copacabana y había pagado por él una fortuna, pero la valía: era hermoso y manso, vivía suelto, se posaba en mi dedo, en la cabeza de Neruda, le picoteaba la mano a Simone de Beauvoir, acompañaba la música de Joao Gilberto. Volaba desde la ventana en paseos largos por el cielo de Copacabana, pero volvía siempre, dormía en un rincón plantado de crotones y de anturios. Pasados unos meses, Hugo mandó a un mensajero por él, pero el animal nos había adoptado y no se lo devolvimos: se nos había escapado, mentí, y lo sentí mucho, pero qué se le va a hacer. Lo llevamos con nosotros a Bahía, tenía casa con puerta abierta, fue siguiendo la transformación del jardín en selva tropical, vivió más de veinte años y silbaba la bossa nova» (pp. 396-397). Es claro que Neruda no pudo resistir a la envidia y/o a la tentación de tener en su casa de Isla Negra un amigo (o un juguete) tan singular y porfió hasta que le enviaron desde Bahía un ejemplar como el que había conocido donde los Amado. Esta oda declara el arrepentimiento del poeta porque su capricho causó la muerte del hermoso animal, que obviamente no resistió al cambio de clima. Ver también Teitelboim, p. 368.

ODA A LA TRISTEZA. (Páginas 214-215.) Fechada el 29.12.1952 «entre Recife y Río de Janeiro / a 3500 mts de altura», transcrita sobre el menú del avión. El texto asume la forma de un breve exorcismo, dictado quizás por la ansiedad del inminente encuentro con Matilde en Montevideo y por el temor de que alguna imprevista tristeza pueda arruinar sus expectativas de dicha. El poeta viste a la tristeza con atributos zoomorfos evocadores de un ritual de brujería (escarabajo, telaraña, rata, perra, culebra, murciélago) para mejor y con más violencia exorcizarla. En *OEL* 1954 el penúltimo verso decía: «y enterraré, *tristeza*, tus huesos roedores». Elimino el vocativo-apóstrofe según *OC* 1973.

ÍNDICE DE PRIMEROS VERSOS

ÍNDICE GENERAL

Odas elementales
[1952-1954]

Obra de Pablo Neruda en DeBolsillo

EDICIÓN DE HERNÁN LOYOLA